Armin Mueller-Stahl

VENICE

Ein amerikanisches Tagebuch

Aufbau Taschenbuch Verlag

ISBN 978-3-7466-2319-1

Aufbau Taschenbuch ist eine Marke
der Aufbau Verlagsgruppe GmbH

1. Auflage 2007

Umschlaggestaltung und Foto
Originalcover Therese Schneider
grafische Adaption Torsten Lemme
Druck und Binden Ebner & Spiegel Ulm
Printed in Germany

www.aufbau-taschenbuch.de

aufbau taschenbuch
AUFBAU VERLAGSGRUPPE

ARMIN MUELLER-STAHL, geboren 1930 in Tilsit, ist nicht nur einer der erfolgreichsten deutschen Schauspieler überhaupt, sondern auch ein begnadeter Geiger, Maler und Schriftsteller. Buchveröffentlichungen u. a.: »Verordneter Sonntag« (1981), »Unterwegs nach Hause« (Erinnerungen, 1997), »In Gedanken an Marie Louise. Eine Liebesgeschichte« (1998), »Hannah« (Erzählung, 2004), 2006 erschien im Aufbau-Verlag sein Erzählungsband »Kettenkarussell«.

In Venice, jenem Marktplatz der Skurrilitäten, wo die Obdachlosen stranden, Künstler ihre Werke feilbieten und Schachspieler sich unter freiem Himmel unerbittliche Gefechte liefern, begibt sich der Weltstar Mueller-Stahl auf die Suche nach Geschichten und wird fündig: Frank, ein ehemaliger Bankdirektor, der sich freiwillig zu einem Leben am Strand entschlossen hat, erzählt ihm die Geschichte seines Vaters, eines Jazzgitarristen, der sein Leben lang auf der Flucht war. Doch wovor genau? Der Schlüssel zu seinem Geheimnis ist ein Lied, das in eine dunkle Vergangenheit führt … In diesem Tagebuch läßt uns Armin Mueller-Stahl an einer faszinierenden Spurensuche teilnehmen, bei der die Grenzen zwischen Fiktion und Realität immer wieder verwischen.

L.A
04
Venice

Los Angeles, 7. August

Ich wettete mit meinem Freund Joseph Gordon, einem eigenwilligen und großartigen Drehbuchautor, vierzig Jahre alt, der zwanzig Drehbücher geschrieben hat, daß man Filmgeschichten auf der Straße auflesen könnte, man muß sich bloß bücken, sie aufheben, sie liegen zu unseren Füßen, kurz, daß es mir gelingen würde, ihm das zu beweisen.

Nie, sagte er.

Ich dagegen behauptete, daß jeder Mensch über vierzig eine herumlaufende Filmgeschichte sei.

Nie, wiederholte er.

Jeder über vierzig habe genug erlebt, habe Schläge einstecken müssen, habe Liebesaffairen gehabt, kurz, habe Dinge erlebt, die eine Filmgeschichte hergeben, beharrte ich.

Nie. Die Wette gilt, sagte Joseph.

Wenn du verlierst, was dann?

Dann schreibe ich dir ein Drehbuch nach deinen Vorstellungen.

Einverstanden.

Und du?

Ich werde mich bemühen, daß dieses Drehbuch dann auch verfilmt wird.

Einverstanden.

Einverstanden.

Ich hatte mir vorgenommen, eine Dokumentation über eine Frau oder einen Mann, die oder den ich in Venice auftreiben würde, zu machen.

Ich rief Dean Ginsberg an, Kameramann, mit dem ich besonders gerne gearbeitet hatte, erzählte ihm von meiner Wette und bat ihn, dabeizusein. Ich hoffe, du hast Zeit.

Wann?

In ein paar Tagen, sagte ich.

Gerne, sagte er, habe Zeit und bin dabei. Das interessiert mich.

Los Angeles, 9. August

Wenn ich Lust habe, laufe ich den Temescal hoch, bis zum Sunset, den links hoch bis zur Marquez, einen Block hoch, und dann rechts in die Jacon, noch mal einen Block hoch, dann rechts in die Lachman und die bis zum Ende. Langer Weg und immer bergauf. Oben angelangt, bin ich ziemlich außer Atem, aber außer Atem will ich ja sein. Das stärkt den Organismus, ist Sport, und ich werde die unerträglichen Kopfschmerzen los, die ich von Mutter geerbt habe. Und ich habe den schönsten Blick auf L. A., einen schöneren gibt's nicht. Besonders abends, wenn die Lichter angehen, die Glitzerei beginnt, dann bin ich wer.

Wer sind Sie dann? fragte ich.

Dann bin ich ich.

Der General von Pacific Palisades?

Er schraubte seine Thermosflasche auf und goß sich Kaffee in einen Pappbecher. Er pustete in den Kaffee.

Immer zu heiß, ich kann zu heiß nicht trinken, geht nicht. Sie sagten, ich der General von Pacific Palisades? General? Nie. Ich hasse Generäle, will keiner sein, weder hier oben noch dort unten.

Dann der Dichter von Venice?

Auch nicht.

Der Philosoph von Venice.

Hören Sie auf, nichts will ich sein, weder General noch Dichter oder Philosoph.

Was wollen Sie denn sein?

Warum soll ich was sein wollen? Ich bin doch wer.

Und das genügt Ihnen?

Freilich genügt mir das.

Da staune ich.

Staunen Sie ruhig.

Jemand ohne was, gibt es das in dieser feinen Gegend?

Gegenfrage, sind Sie von hier? Aus dieser feinen Gegend?

Ja.

Dann hören Sie auf, mir dumme Fragen zu stellen.

Aber hören Sie, jeder möchte doch einen besonderen Beruf haben, einen besonderen Titel, möchte Anerkennung, was gelten.

Bei mir ist das genau umgekehrt, ich war was und will nichts gelten.

Dann sind Sie lieber ein Nichts?

Das auch wieder nicht. Das war schon mein Vater …

So oder so ähnlich verlief mein erstes Gespräch mit ihm.

Los Angeles, 11. August

Am Montag lief ich die Lachman hoch und traf ihn wieder. Er saß vor der großen unbewohnten Villa, jedenfalls schien sie unbewohnt, ich sah dort niemanden ein- und ausgehen, er saß in einem Klappstuhl und schrieb an seinem Computer.

Hallo, wieder hier oben?

Er nickte nur und schrieb weiter. Etwas Dümmeres hätte ich auch nicht fragen können.

Kein General, kein Dichter, kein Philosoph, aber ein Schreiber, sagte ich.

Er wußte wohl, daß ich nicht lockerlassen würde, ich würde ihn, koste es, was es wolle, in ein Gespräch ziehen, was ich auch vorhatte. Das könnte der Mann sein, weit über vierzig, schätzte ich, versuche es, er könnte meine Filmgeschichte werden.

Wie spät ist es? fragte ich.

Sie haben doch selber eine Uhr, sagte er.

Die ist stehengeblieben.

Meine auch, erwiderte er, aber ich kann Ihnen sagen, wie spät es war, als ich die Zeit vor siebenunddreißig Jahren anhielt, (er schob den Ärmel des

Jacketts in die Höhe und blickte auf seine Uhr, indem er sie dicht vor die Augen hielt), etwas nach fünf.

Danke, sagte ich. Dann war es damals so spät, wie es jetzt sein müßte, die Sonne verschwindet, in einer halben Stunde ist es dunkel, die ersten Lichter sind angegangen.

Er lehnte seinen Kopf an die Mülltonne, die hinter seinem Klappstuhl stand, streckte den Fuß aus, kniff ein Auge zu und blickte nach unten.

Blicken Sie über meine Schulter, sagte er, kneifen Sie ein Auge zu und blicken Sie runter, (er drehte seinen Fuß zur Seite), was sehen Sie?

Los Angeles, sagte ich etwas keuchend, ich hatte mich hingekniet, und das fiel mir schwer, mein Knie will nicht mehr so richtig.

Ich blickte ihm also über die Schulter und sah das beginnende Lichtermeer von L. A.

Auf dem Wege, ein Lichtermeer zu werden, sagte ich.

Richtig.

Er drehte seinen Fuß ins Bild. Und jetzt?

Haben Sie L. A. zugedeckt.

Sehen Sie, es ist ziemlich einfach, eine Fünfzehn-Millionen-Stadt unterm Schuh verschwinden zu lassen.

Also doch ein General, sagte ich, mich stöhnend wieder aufrichtend, wer eine Stadt unterm Schuh verschwinden lassen kann, muß mindestens ein General oder ein Teufel sein.

Teufel ist richtig, sagte er, General nie, aber ein Teufel, der L. A. auch wieder auferstehen lassen kann, sehen Sie? (Er drehte den Schuh zur Seite.) Da ist sie wieder und jetzt mit allen Lichtern.

Muß ein schönes Gefühl sein, sagte ich, Los Angeles unter den Sohlen verschwinden zu lassen.

O ja, das tut gut, eine Millionenstadt unter den Sohlen zappeln zu sehen. Das ist die Macht des Teufels. Sie hatten recht.

Sind Sie ein Homeless?

Wenn ich will, bin ich einer, wenn nicht, bin ich keiner.

So einfach ist das?

So einfach ist das. Ich war Vize-Präsident der Bank of America, hatte Erfolg, aber ich fand ihn zum Kotzen. Hat man ihn, will man mehr, man schuftet wie ein Idiot, und dann hat man mehr Erfolg und findet ihn noch mehr zum Kotzen.

Und jetzt?

Denke ich über Erfolg nicht mehr nach und habe Zeit, ein Buch zu schreiben.

Und Geld haben Sie genug? Sich diesen Luxus leisten zu können?

Habe ich. Es ist gut angelegt, sagte er.

Macht Sie Schreiben glücklich?

Nachdenklich macht es mich. Ich bin lieber nachdenklich als erfolgreich. Außerdem gibt es mehr Gedanken als Erfolg.

Was haben Sie mit Ihrem Erfolg gemacht? fragte ich.

Geld.

Und mit den Gedanken?

Ein Buch.

Worüber schreiben Sie?

Über das, was ich denke, sehe, fühle. Und die Triebkraft des Schreibens ist Zorn.

Das brubbelte er ziemlich mürrisch, aber genußvoll vor sich hin. Manchmal blieb seine Stimme weg, nur noch Lippenbewegungen, aber dann war sie wieder da.

So ist das mit der Stimme, sagte er und räusperte sich, sie ist da, wenn sie nötig ist, sie ist weg, wenn sie nicht nötig ist. Zum Schreiben braucht man sie nicht, und nun lassen Sie mich in Ruhe.

Darf ich eine letzte Frage stellen?

Bitte.

Ich möchte eine Dokumentation über Sie drehen, wären Sie einverstanden? Kostet Sie keine Mühe, kein Geld, ich werde Ihnen Fragen stellen, und Sie beantworten sie mir. Wenn Sie Lust und Zeit haben.

Das wird zwar, wie Sie richtig sagen, mich kein Geld kosten, aber Sie wird es einiges kosten.

Darüber werden wir verhandeln.

Ich werde darüber nachdenken, und jetzt lassen Sie mich in Ruhe.

Wo werde ich Sie finden?

Hier oder sonstwo in L. A.

Ich rief Dean an, er solle sich für den 12. bereithalten: Ich habe jemanden, weiß noch nicht, ob es gelingen wird, ihn für die Dokumentation zu gewinnen.

Los Angeles, 12. August

Am nächsten Morgen fuhr ich mit Dean die Lachman hoch, tatsächlich, er saß immer noch da und spielte Gitarre, sang leise vor sich hin, Dean filmte ihn bereits aus dem Wagen, wir waren ein eingespieltes Team. Er sang heiser und sauber, einen deutschen Text, so nahm ich an, jedenfalls ein schwer zu verstehendes Deutsch, den Kopf an die Mülltonne gelehnt, so wie gestern, als er L. A. mit seinem Schuh verdeckte.

Ein schönes Lied, sagte ich. Ein deutscher Text?

Ja.

Waren Sie die ganze Nacht hier?

Ja.

Haben Sie hier auf der Straße geschlafen?

Ja.

Das könnte ich nicht.

Ich kann überall schlafen. Wenn der Schlaf kommt, kommt er, ob auf der Straße, auf Steinen, im Sand, wie eine Walze. Er überrollt mich. Dann ist alles schwarz. Wie eine Tür, die sich gegen alle Geräusche, gegen alle störenden Gedanken geschlossen hat.

Das, was Sie spielten und sangen, hat mich berührt. Ein Blues, nicht? Und ein deutscher Text? Wovon handelt er?

Vom Töten und Getötetwerden.

Vom Krieg?

Und den Folgen des Krieges.

Aber es sind nur vier Zeilen.

Die reichen aus für Variationen.

Haben Sie Angst vor dem Tod?

Nein, der hat Angst vor mir. Er hätte mich ja holen können, aber er traut sich nicht.

Und wovor haben Sie Angst?

Im Bett schlafen zu müssen.

Wirklich?

Dann ginge alles wieder von vorne los. Welche Matratze, welches Laken, welche Bettdecke, die dicke oder die dünne, wie steht das Bett zum Fenster, damit ich besser auf der linken (der Herzseite) oder der rechten einschlafen kann. Und noch anderes: Bin ich heute mit Sex dran oder morgen, bin ich …

Ist das Bett ihre einzige Angst?

Im Bett sterben zu müssen, ja.

Das wäre furchtbar für Sie?

Das wäre nicht zu ertragen.

Und Ihre Frau? Denkt sie auch so?

Sagte ich doch, bin ich heute oder morgen mit Sex dran, zwei-, dreimal in der Woche, wenn nicht, hing der Haussegen schief. Wenn nur einmal, ging sie nachts aus. Wo gehst du hin? fragte ich. Am Strand spazieren. Einmal ging ich ihr nach, wollte sehen, mit wem sie sich traf, und das Verrückte war, sie ging wirklich am Strand spazieren.

Hatten Sie einen Betrug erwartet?

Ich hatte gar nichts erwartet, aber seit ich am Strand lebe, sie nur an den Wochenenden sehe, ist meine Ehe glücklich, könnte nicht glücklicher sein. Und jetzt hören Sie auf, mir Fragen zu stellen, haun Sie ab.

Dean hatte alles gefilmt, ein guter Anfang, und er hatte nichts mitgekriegt. Dean und ich schlugen unsere Handflächen ineinander, wie Volleyballspieler nach einem gewonnenen Punkt.

Los Angeles, 14. August

Am nächsten Tag suchten wir ihn vergeblich, aber am 14. sahen wir ihn am Strand sitzen und am Computer schreiben. Dean hatte sich hinter dem »Back on the Beach Café« versteckt, und ich war sicher, daß er alles aus verschiedenen Blickwinkeln filmte. Ich hatte in der Westentasche ein Aufnahmegerät, zur Sicherheit, falls Dean, wegen der Entfernung, den Ton nicht sauber aufzeichnen könnte.

Er saß da, die Augen dicht vorm Bildschirm, und tat so, als würde er mich nicht sehen. Und ich tat so, als wollte ich gehen, er blickte auf und sagte: Na, sind Ihnen die Fragen ausgegangen?

Keineswegs, aber Sie sagten vorgestern, ich solle abhaun, und da dachte ich …

Da dachte ich, da dachte ich … hören Sie auf zu denken. Sie stehen doch noch im Beruf. Es ist doch so, daß alle, die im Beruf stehen, keine Zeit zum wirklichen Denken haben.

Denkt man im Beruf nicht?

Berufliches denken heißt, sich Schweinereien ausdenken. Das ganze berufliche Denken zielt darauf ab. Deswegen laufen die beschlipsten Herren so gerne zur Kirche, denn dort glauben sie sich ihre Schweinereien vom Halse beten zu können.

Mit Erfolg?

Geringfügigem. Die Herren glauben an ein Leben nach dem Tod und fürchten sich vorm Jüngsten Gericht und ahnen, daß ihre auf Erden begangenen Schweinereien da oben sehr unangenehm auffallen würden. Wenn sie sicher wüßten, da kommt nach dem Tod nichts mehr, na dann …

Was dann?

Wären dem Erfinden von Schweinereien keine Grenzen mehr gesetzt.

Schreiben Sie darüber?

Nein, ich schreibe ein gutes Buch, so gut wie mein Leben.

Ich denke, Ihr Leben war nicht gut.

Mein früheres war nicht gut, mein heutiges ja. Habe aber auch mein früheres beschrieben, der Vollständigkeit halber, das Leben eines Remplers, eines Erpressers, eines Verleumders …

Eines Erpressers? Verleumders? fragte ich.

Ja, ohne diese Eigenschaften gibt's keinen Erfolg. Wenn man hoch will, muß man die Ellenbogen trainieren. Wie kann man den anderen übers Ohr hauen, übern Tisch ziehen, darüber denkt man nach. Wie gesagt, es handelt sich um Schweinereien.

Haben Sie ein Beispiel?

Ja, hab ich, sagte er und schrieb weiter.

Ihr Lied neulich handelte vom Töten und Getötetwerden, warum?

Mein Vater spielte es. Wenn ich es spiele, bin ich ihm nah …

Da ich keineswegs vorhatte zu gehen, holte er aus seiner Aktentasche zusammengeheftete Seiten.

Wenn Sie lesen wollen, sagte er und reichte mir die Seiten, lesen Sie.

Ich setzte mich hin und las, dabei beobachtete ich heimlich Dean, der unseren Mann einkreiste, ihn, wie gesagt, aus verschiedensten Blickwinkeln filmte.

Haben Sie über meinen Vorschlag nachgedacht?

Ja, ich will keine Dokumentation über mich.

Vielleicht kann ich Sie überzeugen?

Er murmelte etwas vor sich hin, was ich nicht verstand. Dean machte mir hinter seinem Rücken ein Zeichen, daß er alles gefilmt hatte. Sein Daumen stand aufgerichtet wie ein Komma im hellen Licht des Himmels.

Los Angeles, 15. August

Wir suchten ihn und fanden ihn in der Nähe von Venice am Strand sitzend, in Jogahaltung. Neben sich Computer und Gitarre.

Darf ich mich zu Ihnen setzen? fragte ich. Dean war selbst für mich nicht auszumachen, er war zwischen den vielen fotografierenden Touristen verschwunden, aber ich kannte ihn, er würde wieder hervorragendes Material nach Hause bringen, alle bisherigen Aufnahmen waren phantastisch, der Ton einwandfrei, bis auf kleine Nebengeräusche, Hut ab.

Sie dürfen, der Strand ist nicht mein Privateigentum. Sehen Sie sich mal den Himmel an, eben noch voller Wolken, und jetzt sind sie weg. Wo sind sie hin?

Keine Ahnung.

Beim Sonnenuntergang sind sie wieder da, Gaukler, sie kommen und gehen, wie sie Lust haben.

Sie schreiben heute nicht?

Hab schon, fünf Liebesbriefe und einen an die Polizei.

Fünf Liebesbriefe?

Ich habe sie für meine Kollegen Homeless geschrieben, ich kenne deren Frauen und weiß, was sie nach einem Streit am liebsten hören. Und da die meisten nicht schreiben können, schreibe ich für sie.

Und? Haben Sie Erfolg mit Ihren Briefen?

O ja, manchmal wünschte ich mir, ich hätte meiner Frau solche Briefe geschrieben. Und jetzt lassen Sie mich in Ruhe, ich möchte alleine sein.

Ich lasse Sie gleich alleine. Ich möchte Ihnen nur sagen, daß am 21. Januar eine Ausstellung meiner Bilder im Barnsdall Art Park, 4800 Hollywood Boulevard, stattfinden wird. Ich würde Sie gerne zur Eröffnung einladen.

Wann?

Januar, den 21., nächstes Jahr. Ist ja noch lange hin.

Barnsdall Art Park? Er blickte aufs Meer und grinste. Woran dachte er? Dann drehte er seinen Kopf zu mir und sagte: Barnsdall Art Park, kenne ich, war früher mal dort, im Frank Lloyd Wright Haus, lange her, hörte einen Vortrag von Reverend Arthur Roth, der Titel »The Bible helps the artist lead a more spiritual und less stressful life«. Danach sollte diskutiert werden, aber alle schwiegen. Der Reverend behauptete, Gott sei unser Ebenbild, sei unser Fleisch und Blut, und die Argumente trug er so vor, daß man wohl Angst kriegen sollte, eine andere Meinung zu haben als er. Als sei an seiner Überzeugung nicht mehr zu rütteln. Das konnte ich so nicht akzeptieren und fragte, was heißt unser Ebenbild? Und alles, was der Reverend mir antwortete, war eine Kriegserklärung. Ich hätte nichts begriffen, und ich solle gefälligst schweigen, so wie die anderen auch. Ist Gott auch mein oder nur Ihr Ebenbild? fragte ich. Sie werden doch nicht behaupten, er sei ein Idiot, da Sie versuchen, aus mir einen Idioten zu machen. Darauf der Reverend schleimig, mich nie anblickend: Glauben Sie überhaupt an Gott? In der Natur ja, da glaube ich an Gott, antwortete ich, unter den Menschen nein. Die Natur hat er mit göttlicher Eingebung erschaffen, hat sie gebildet, gestaltet, ein Künstler, ein Meister der Erfindung, den Menschen hat er nur ausgekotzt. Ein ausgekotztes widerliches Wesen, so wie Sie, der Sie unter Ihrem Priestermantel ein Schwert tragen. Ihre Frömmigkeit bedeutet Krieg! Wehe, wer nicht Ihren Glauben teilt.

Das hatte ich gesagt, und die frommen Diskutierer kriegten ihre Mäuler nicht mehr zu.

Pause.

Und darüber lachte mein Freund heiser. Er lachte noch, als ich ihm die Hand reichte, und sagte: Morgen muß ich nach Deutschland, er nickte und lachte …

Sie haben bis Anfang Januar Zeit, darüber nachzudenken, ob Sie die Dokumentation machen wollen, ich rate Ihnen zu, Sie werden am Ende mitbestimmen, ob sie gezeigt werden kann. Ich kann Ihnen mit Bestimmtheit sagen, Sie werden zufrieden sein.

Er aber lachte noch immer über die frommen Diskutierer, die ihre Mäuler nicht mehr zukriegten.

Am Abend sahen wir uns das Material an und waren begeistert. Dieser Mann hat keine Angst vor der Kamera, sagte Dean, und ich erwiderte: Kunststück, er hat ja auch die Kamera gar nicht bemerkt. Dean versprach mir, ihn während meiner Abwesenheit zu filmen, wo immer er ihn finden konnte.

Dezember

In Deutschland. Vor einiger Zeit hatte ich meinen Freund aus Venice gezeichnet. Ich hatte die Zeichnung nach Deutschland mitgenommen und sie im Zeichenschrank verstaut. Heute kam ein Bekannter, und ich zeigte ihm einige Portraits, darunter das von meinem Freund aus Venice.

Während wir das Bild betrachteten, bemerkte ich etwas, was mir beim Zeichnen nicht aufgefallen war, wie Schuppen fiel es mir von den Augen: Das ist er doch? Wieso ist mir die Ähnlichkeit beim Zeichnen nicht aufgefallen? Über diesen Mann habe ich doch schon mal geschrieben, in »Unterwegs nach Hause«, ist er der »klügste Junge von Amerika«? Obwohl ich ihn aus dem Gedächtnis gezeichnet hatte, erkannte ich ihn, den lauten Stänkerer, den Besserwisser, den jungen Mann, der ins Weiße Haus gehöre, wie er damals auf der Third Street rief, statt der Fehlbesetzung, die heute das Weiße Haus regiere.

Ich telefonierte mit Dean, er habe wunderbare Aufnahmen von unserem Freund, er sei ihm nach San Diego nachgefahren und habe seine Frau und seine beiden Töchter gefilmt, drei hübsche halbschwarze Mädchen, ich würde begeistert sein. Sie seien zu viert ins Kino gegangen, er habe auch das gefilmt. Die Fahrt zu seiner Mutter nach San Francisco stehe noch aus, jedenfalls, dieser Mann gäbe eine Geschichte her. Er habe mehrmals das Lied vom Krieg gesungen, jenen Vierzeiler mit dem deutschen Text, den er das »Rommel-Trommellied« nannte.

Dean sagte: Diese Musik geht zu Herzen, vielleicht kann man über das Lied mehr erfahren? Was hat es mit dem Text auf sich? War er in Vietnam? Im Krieg? Aber Rommel? Wie soll das zusammengehen? Er habe ihn auch gefilmt, als er im Kreise anderer Obdachloser einen Bossa Nova spielte, fantastisch, die Gesichter um ihn herum ergäben allein schon einen Film. Was Dean erzählte, hörte ich gerne, ich war mehr als gespannt.

Los Angeles, 22. Januar

Nach fünf Monaten wieder in Amerika. Dean holte uns von Flughafen ab. Er strahlte, er sei unserem Freund auch nach San Francisco gefolgt, habe ihn auf der Fahrt gefilmt, die Mutter eine starke Frau, sie hätten Weihnachtsgeschenke ausgetauscht, er habe beide durchs Fenster gefilmt.

Hat er nichts mitgekriegt?

Nein, jedenfalls konnte ich nichts bemerken, das darauf schließen ließe.

Dean sagte, er werde auch zur Eröffnung der Ausstellung kommen, vielleicht wird unser Freund aus Venice da sein, er ist ja eingeladen.

Nach fünf Monaten? Das wäre unwahrscheinlich, sagte ich.

Sonnabend ist die inoffizielle Eröffnung meiner Ausstellung in der Los Angeles Municipal Art Gallery – Barnsdall Art Park – 4800 Hollywood Boulevard. Die offizielle Eröffnung findet zwar am 23. statt, die inoffizielle jedoch schon heute. Von 4 p. m. bis 6 p. m., nur für Freunde. Um 4 p. m. sitzen wir fest im Stau auf dem Sunset Boulevard. Stop and go. Um kurz nach 4 sind wir erst in der Nähe der La Cienega. Also noch ziemlich weit weg von der Galerie. So etwas wie Streß stellt sich ein. Es läßt sich nicht ändern, Stau ist Stau, gelassen bleiben, noch sind wir es nicht, dann ab La Brea sind wir es. Es hat keinen Zweck, Streß hilft nicht weiter, dann kommen wir eben zu spät.

Alle sind begeistert von der Galerie, dem herrlichen Bau, der Hängung der Bilder, der ganze Südflügel ist ausschließlich für *Night on Earth*, *Urfaust* und *Hamlet in Amerika* reserviert. Habe das Gefühl, ich bin ein Betrachter fremder Bilder.

Und dann sehe ich ihn, meinen Freund aus Venice. Der schlanke große Kerl steht gebückt da, das Gesicht dicht vor den Texten neben den Bildern. Er läßt sich nicht ablenken. Hat er mich gesehen, hat er mich nicht gesehen? Er liest stur und konzentriert. Nein, er ist nicht interessiert an mir, ich spüre es, er ist interessiert an den Texten und Bildern, also keine Begrüßung. Gott sei Dank, Dean hat die Szene gefilmt.

Los Angeles, 23. Januar

Exhibition Opening – Sunday, January 23.

Die Straßen sind frei, wir sind pünktlich um 13 Uhr zur Eröffnung der Ausstellung da. Großer Andrang, großer Trubel. Stehen uns bis 22 Uhr die Beine in den Bauch. Dazwischen wird der Film gezeigt: *Night on Earth*. Danach Gerede, Gerede, dummes Zeugs, zuviel Zeit für zuwenig Inhalt! Ein Bild hat sich mir aufgehoben: das L. A. Mozart Quartet spielt. Gordon Halligan – Flute, Kevan Torfeh – Cello, Virginia Frazer – Viola and Marcy Dicterow – Violin. Keiner der vielen Besucher hört dem Quartett zu. Nur ein Besucher hat sich einen Stuhl geholt, sitzt vor den Musikern, hört zu. Er klatscht, einsam und allein auf weiter Flur. Die Musiker bedanken sich bei ihm. Die anderen, in weiter Entfernung, drehen dem einsamen Zuhörer und dem Quartett den Rücken zu.

Und wer ist der einsame Zuhörer? Mein Freund aus Venice.

Dean ist begeistert, dieses Bild ist ein Film für sich.

Los Angeles, 2. Februar

Ich hatte mir das Material angesehen und war wie Dean begeistert. Reichlich, schon jetzt genug, um einen Film daraus zu machen. Der ganze lange Kerl ist auch stumm eine Filmgeschichte wert, einfach aufgrund seiner Erscheinung. Sein Gesicht stark, man blickt nur auf ihn, selbst wenn er im Hintergrund ist. Die beiden Töchter unterschiedlich. Die ältere kommt nach ihm, die jüngere nach der Mutter. Schöne Mädchen. Er wiederum ist seiner Mutter wie aus dem Gesicht geschnitten.

Wir machten uns am 2. Februar auf den Weg, ihn zu treffen. Wir fanden ihn, das heißt ich fand ihn, direkt in Venice. Dean blieb versteckt, aber in Sichtweite für mich, die Kamera im Anschlag. Er saß neben den Musikern, Malern, Schauspielern, Künstlern auf dem Rasen, um ihn herum spielende Hunde, und las. Als er mich sah, ich schob mein Fahrrad durch die Menge, rief er: He, junger Mann, Sie sind doch der mit den Fragen, wo waren Sie die ganze Zeit?

In Deutschland, sagte ich. Ich hatte es Ihnen gesagt, aber Sie lachten.

Warum lachte ich?

Weil Sie mir die Geschichte vom Priester erzählten, dem Sie ins Gesicht sagten, er sei von Gott ausgekotzt.

He, Jeff, sagte er und drehte sich zu einem anderen Homeless um, hat Gott die Menschen ausgekotzt oder nicht?

Lachen.

Hat er, hat er, kam als Antwort.

Sehen Sie, ich hatte mit meiner Antwort recht. Und heute können Sie mich fragen, was Sie wollen, heute werde ich Ihnen alles beantworten, kommen Sie ruhig näher.

Ich kam mit dem Fahrrad näher.

Ich habe nämlich von meinen Kollegen gehört, sagte er, Sie sind Schauspieler, meine Kollegen meinten, es wäre eine Ehre, mit Ihnen zu reden. Also gut, eine Ehre, nun fragen Sie mich schon, junger Mann, alles, was Sie hören wollen, und ich antworte, alles, was ich sagen will.

Junger Mann ist gut, sagte ich, danke, ich gehe auf die Fünfundsiebzig zu, und Sie?

Auf die Fünfzig, antwortete er, aber Sie rechnen anders als ich. Sie rechnen in Jahren, ich in Tagen. Sie feiern jedes Jahr Geburtstag, ich, wenn ich will, jeden Tag. Also kommen Sie her, feiern Sie mit mir meinen heutigen Geburtstag.

Wie viele Tage werden Sie denn alt?

Rechnen Sie es aus, 365 mal 48. Vielleicht auch mal 49, mal so, mal so, wie ich mich gerade fühle.

Ich habe rausgefunden, sagte ich, daß Sie auf der Third Street der »klügste Junge von Amerika« waren, waren Sie es nicht?

War ich, aber das ist lange her, zehn Jahre mindestens, damals brüllte ich mir die Wut aus dem Bauch, und wenn sie raus war, dann war sie raus. Abends war ich erschöpft.

Und heute?

Heute schreibe ich mir die Wut in den Bauch. Je mehr ich schreibe, desto wütender werde ich. Das ist der Unterschied zwischen Schreien und Schreiben.

Lachen der Kollegen.

Sehen Sie, meine Kollegen lachen, weil sie mich schon lange nicht mehr schreien hörten, stimmt's?

Er legte einem Homeless die Hand auf die Schulter. Was meinst du?

Lachen vom Kollegen. Ich habe dich lieber schreien gehört, sagte der.

Warum?

Weil ich dann wußte, worum es ging.

Sie glauben nur, was sie sehen und hören, antwortete mein Freund. Mein Buch nähert sich dem Ende, wenn es fertig ist, werde ich wieder mit dem Schreien beginnen …

Pause.

Warum? fragte ich.

Sehen Sie sich in unserer Stadt um, dann müssen Sie nicht mehr fragen.

Nicken.

Er zeigte auf einen anderen Homeless, der in einem Karren hockte. Sehen Sie ihn an, er war im Krieg, in Vietnam, hat sich fürs Vaterland beide Beine abschießen lassen, und was war der Dank des Vaterlandes?

Pause.

Lassen Sie uns lieber über anderes reden, sagte er, sonst höre ich nicht mehr auf …

Auf der Third Street, sagte ich, teilten Sie Ihrem Publikum mit, daß Sie keinen Vater und keine Mutter hätten, das hat mich damals beschäftigt …

Wirklich? Wie kann Sie so ein Unsinn beschäftigen? Können Sie mir einen Menschen nennen, der keinen Vater, keine Mutter hat? Natürlich hatte ich einen Vater. Er hat mir alles beigebracht. Das Gitarrenspiel, die Liebe zur Natur, die Liebe zur Gerechtigkeit. Im Gegensatz zu mir war er ein schöner Mann, die Frauen waren verrückt nach ihm, und er hat mir einige deutsche Lieder beigebracht. Wollen Sie das »Rommel-Trommellied« hören? Das Lied vom Töten und Getötetwerden? Das Lied, das ich oben in der Lachman sang?

Ohne meine Antwort abzuwarten, legte er sein Buch mit den Seiten nach unten neben sich und holte die Gitarre aus dem Kasten. Kommen Sie näher, es ist ein leises Lied, richtiger ein leiser Blues, ein Text, den man nicht schreien kann, sagte er.

Der Rommel, die Wüste
Die Hitze, die Not

Der Staub, die Feinde
Die Trommel, der Tod …

Ich sah Deans Daumen senkrecht im Himmel, das Lied war also im Kasten. Er legte die Gitarre auf eine Decke und sagte: Mein Vater erzählte mir, daß ich diesem Lied oder Blues mein Leben verdanke.

Wie das? fragte ich.

Ohne Rommel, sagte mein Vater, wäre ich nicht in Afrika gewesen, ohne Afrika wäre ich nicht nach New Mexico gekommen, ohne New Mexico nicht nach L. A., ohne L. A. hätte ich nicht deine Mutter getroffen, und ohne dieses Lied hätte sich deine Mutter nicht in mich verliebt, und ohne Liebe wärst du nicht auf dieser Welt. Und dann schwieg er. Ich wußte nie, warum ihn dieses Lied so schweigsam machte. Immer wenn er es gesungen hatte, schien er nachdenklich zu werden, und mich machte seine Nachdenklichkeit traurig … Auf der Third Street habe ich dieses Lied oft gesungen und es den Leuten erklärt, wie es mein Vater mir erklärt hatte. Habe dort meine Texte in die Luft geschrieen, weg waren sie. Irgendwo in den Rocky Mountains verschwunden. Heute schreibe ich sie auf, und da sind sie. Nichts verschwindet mehr in den Rockys. Und ich bin leiser geworden, man kann ja nicht laut schreiben. Jedesmal, wenn mein Vater dieses Lied sang, war ich, wie gesagt, traurig.

Erzählen Sie von Ihrem Vater, von Rommel, und was ihn bei diesem Lied so nachdenklich machte.

Ich wußte es lange nicht, hörte erst sehr viel später, warum …

Er steckte sich eine Zigarette an und sah dem Rauch hinterher, wie er vom Wind weggetragen wurde, er überlegte wohl, ob er über seinen Vater sprechen sollte, doch nach einer langen Pause begann er zögernd: Er war Soldat in Afrika, unter Rommel, wie gesagt. Wurde am Ende des Krieges von den Amis gefangengenommen und per Schiff nach Amerika gebracht. In ein Kriegsgefangenenlager nach New Mexico.

Hat man die Kriegsgefangenen nicht wieder nach Deutschland abgeschoben? fragte ich.

Warten Sie, warten Sie, nicht so schnell. Ich will Ihnen ja alles über meinen Vater, über meine Mutter erzählen, deswegen muß ich etwas ausholen. Er war ein Weißer, aber von der Seele her ein Schwarzer …

Können Sie mir das erklären?

Warten Sie, warten Sie, nicht so ungeduldig. Meine Mutter ist eine Schwarze und ich ein fast Weißer. Alle hielten und halten mich, bis zum heutigen Tage, für einen Weißen, deswegen rief ich vor zehn Jahren auf der Third Street, ich sei der klügste Schwarze, der klügste Afroamerikaner, der klügste Nigger in dieser verlausten Stadt. Haben Sie »Der menschliche Makel« von Philip Roth gelesen? Die Hauptfigur im Roman ist ein Schwarzer, will aber ein Weißer sein, wegen seiner Karriere, wegen seines Aufstiegs, seines unaufhaltsamen Aufstiegs in der amerikanischen

Gesellschaft, und ich wollte genau das Gegenteil: meinen unaufhaltsamen Abstieg in der amerikanischen Gesellschaft, wollte erreichen, daß man mir den Schwarzen glaubte, der ich auch bin, und nicht den Weißen, für den man mich hielt.

Warum?

Ich wollte an die Basis, dort, wo ich helfen kann, wo man mich braucht, unter diesen armen Schlukkern wollte ich tätig werden. Als Schwarzer bin ich auch nur ein armer Schlucker, bin einer von vielen, kann besser helfen …

Wahrscheinlich deswegen, sagte ich.

Was meinen Sie damit?

Ich wäre auch nicht darauf gekommen, daß Sie ein Schwarzer sind, aber Sie haben's ja laut genug verkündet.

Richtig, ich habe es laut verkündet, aber vielleicht bin ich doch nur ein Weißer, der gerne ein Schwarzer sein möchte? Vielleicht also bin ich nur ein einfacher Amerikaner und kein Afroamerikaner?

Pause.

Wurden die deutschen Gefangenen nicht nach Deutschland abgeschoben? wiederholte ich meine Frage.

Warten Sie, warten Sie, Sie sind immer noch zu schnell. Noch bin ich bei Afroamerikaner. Schon diese Bezeichnung ist eine Beleidigung. Gibt es einen Chinesoamerikaner, einen Japanoamerikaner, einen Russoamerikaner? Auf der Third Street habe ich ganze Tage über dieses Thema referiert und die etablierten Parteien damit erschreckt, jawohl erschreckt. Sie hätten mal die blasierten Gesichter sehen sollen. Aber nun zu Ihrer Frage. Es stimmt, die deutschen Gefangenen wurden wieder nach Deutschland abgeschoben, aber nicht mein Vater. Er wollte weg, nichts konnte ihn halten, sein Freiheitsdrang war so groß, daß er lieber erschossen worden wäre als in New Mexico ein Gefangener zu bleiben. Ihn trieb die Furcht und nicht nur das ... Also hat er sich eines Nachts aus dem Lager auf und davon gemacht. Unter einem elektrischen Zaun durch und zum nächsten Bahnhof. Und dann? In einen Güterzug und ab in die Freiheit. Zwanzig Jahre auf der Flucht vor dem FBI, vor Hoover, diesem Säufer, aber dessen Fähigkeiten reichten nicht aus, meinen Vater zu kriegen, sie liefen ihm hinterher, den Wind im Rücken, weil sie dann schneller waren, aber mein Vater floh gegen den Wind. Sie suchten in der falschen Richtung. Er war ein Meister des Verschwindens. Obwohl er einer der Meistgesuchten war, kriegten sie ihn nicht.

Meine Mutter wußte nichts von seiner Vergangenheit, nichts, kein Sterbenswörtchen von ihm, er hatte sich eine amerikanische Vergangenheit ausgedacht, ein Waisenkind aus New York sei er, Eltern bei einem Autounfall umgekommen usw. usw. Aber mir hatte er alles gestanden, richtiger fast alles. Hier am Strand, beim Sonnenuntergang, ist er mit der Wahrheit herausgerückt. Nicht meiner Mutter sagte er es zuerst, sondern mir, er wußte, daß ich schweigen würde. Ich redete damals schon gerne und viel, aber ich wußte genau, wann ich schweigen muß! Nie hat er geweint, nie, er saß vor mir, ich konnte sein Gesicht nicht sehen, die Sonne hinter ihm machte es schwarz, aber die Haare auf seinen Ohrläppchen waren beleuchtet, ganz hell, ein weißer Flaum, ich berührte sie mit dem Zeigefinger, dabei berührte ich auch sein Gesicht, alles war naß, die Wangen, der Bart. Die Tränen hatten alles naß gemacht. Bis dahin hatte ich nie geglaubt, daß mein Vater weinen konnte ...

Pause.

Überhaupt, als Junge dachte ich, Erwachsene müssen nicht weinen ...

Pause.

Sie glauben wohl, ich werde beim Gedanken an meinen Vater sentimental, im Gegenteil, heiter werde ich, wie mich mein Vater immer heiter gemacht hat. Außer er sang das Lied von Rommel, da wurde ich traurig, aber nur dann. Jahrzehnte später erfuhr ich ein wichtiges Detail, das er auch mir verschwiegen hatte. Es war ihm so wichtig, daß wir heiter waren, immer wollte er mich heiter sehen, brachte mich zum Lachen, wenn ich lachte, mußte er's auch. Beim Lachen vergißt man alle Probleme, sagte er.

Was war das wichtige Detail, das er Ihnen verschwiegen hatte? fragte ich.

Ohne meine Frage zu beantworten, sagte er: Mit meinem Vater am Strand, das war die schönste Zeit meines Lebens.

Er versuchte sich eine zweite Zigarette anzustecken, aber die Streichhölzer wollten sich nicht anzünden lassen. Wohl naß geworden. Nach einigen weiteren Versuchen gab er es auf und sagte: Ich war in Barnsdall, in Ihrer Ausstellung, habe in Ihrem Katalog gelesen, neben der Malerei schreiben Sie auch, und da Sie so viel von mir wissen wollen, nehme ich an, Sie werden über mich schreiben?

Ich mache mir Notizen.

Vielleicht schreibe ich auch über Sie, und ich weiß auch schon, wie ich beginne: Ein fünfundsiebzigjähriger Mann, der mir leid tut ... Und wie beginnen Sie? Ein fünfzigjähriger Mann, der mir leid tut ... Wir tun uns gegenseitig leid, weil Sie glauben, ich sei auf der Schattenseite und Sie auf der Sonnenseite des Lebens, während ich mich auf der Sonnenseite sehe. Bis zum nächsten Mal, junger Mann! Für heute habe ich Ihnen genug Stoff geliefert ...

Wie ist es denn, fragte ich, sind Sie nun zu einer Dokumentation bereit? Haben Sie sich das überlegt?

Was wollen Sie mich filmen, wenn Sie Schauspieler sind? Kommen Sie mir ja nicht mit einer Kamera, filmen Sie sich und nicht mich.

Auf der Fahrt nach Hause sagte ich zu Dean: Heute hatte ich den Eindruck, er hätte was bemerkt, aber dann sah ich so viele Kameras am Strand, gerade heute wurde so viel gefilmt und geknipst, daß ich hoffe, er habe doch nichts bemerkt.

Zu Hause spielte ich mir die Davidsbündler vor, viele Male von Bodo Weidemann gehört, der lustige Florestan, der traurige Eusebius oder vielleicht gerade anders: der lustige, fröhliche Eusebius und der traurige, nachdenkliche Florestan. Ich stellte mir vor, mein Freund aus Venice habe alle zusammen in sich vereint. Zeichnete und malte Florestan und Eusebius und dachte darüber nach, wie in Venice die Weisheiten oder Dummheiten der Welt am besten auf sich aufmerksam machen, um an den Mann gebracht zu werden.

Deans Bilder sind keine typischen Bilder von Venice, es sind nicht die begeisterten Blicke der Touristen, es sind die Grabenkämpfe zwischen Ost und West, wie im ehemaligen Deutschland. Man schreit, man flüstert, man singt, man spielt auf Instrumenten, manchmal hilft exotische Kleidung. Eine alte Dame um die achtzig tanzt in einem Bikini, um ihre Malereien zu verkaufen. Ein alter Homeless fährt im Rollstuhl, mit amerikanischer Flagge. Ich liebe Amerika, ruft er. Ich bin für Bush. Neben ihm ein anderer Homeless, auch im Rollstuhl, ruft: Ich liebe Amerika, ich bin für Kerry. Aber meine Herren, die Wahlen sind doch längst vorüber, hat sich das in Venice noch nicht rumgesprochen? Nein, hat sich schon, aber sie beharren darauf, daß die Wahlen noch nicht vorüber sind, sie würden sonst die Gründe verlieren, sich zu bekämpfen. Gerade die Schwachen, die Vergessenen lieben Amerika am meisten, und sie bekämpfen sich weiter mit Bush und Kerry. Wahrsager,

Handleser mischen sich mit Philosophen, Dichtern, Malern, Musikern, überzeugten Katholiken, überzeugten Atheisten, Bibeldeutern, Tsunami-Spezialisten, Schwulen, Bodybuildern und parfümierten Luxusnutten, Kardinälen und Preisboxern, sie alle haben ihre Stände auf der Westseite. Die Kommerziellen auf der Ostseite. Die Ostseite muß für die Läden bezahlen, die Westseite nicht. Gemälde, Fotos liegen zwischen frischen Kräutern und alles heilenden Salben auf der Westseite, scheinbar achtlos auf der Straße, zum Anfassen, zum Mitnehmen, aber vorher zahlen, alles kann man kaufen, kaufen Sie doch, kaufen Sie doch, gelegentlich wird auch mal was verschenkt, aber mit der Bitte wiederzukommen. Und dann wird kassiert.

Mein Freund aus Venice speichert alle Weisheiten dieses lauten Straßentheaters in seinem Computer, und ich lerne von ihm. Sein Umgang mit den Obdachlosen, die er als seine Freunde betrachtet, ist bemerkenswert. Ich bin euer Bruder, sagte er, aber der ältere. Also hört auf mich und widersprecht nicht. Er sagte es so, wie Albert Schweitzer es sagte. Je mehr ich von ihm in unserem Film sehe, desto süchtiger werde ich nach ihm. Nach diesem Schreiber, Schreier, Philosophen und Politiker, mit ausgeprägtem Gerechtigkeitssinn, dem älteren und großen Bruder der Homeless.

Lese in »Unterwegs nach Hause« nach, was ich über ihn vor etwa zehn Jahren geschrieben hatte: *Auf der Third Street gibt er es denen da oben, mein afro-*

amerikanischer Redner, die Hölle will er losmachen: Knallen Sie mir ein Thema vor die Füße, vor die Brust, vor den Kopf, meine Damen und Herren, ich werde deswegen nicht kopflos, ich antworte Ihnen, ich zeige Ihnen, wo's langgeht, darauf können Sie Gift nehmen, ich bin nämlich der klügste Junge von Amerika …

Am Nachmittag suchten wir ihn auf, Dean wie immer in versteckter Lauerposition. Er sah mich kommen und rief mir entgegen: Heute keine Fragen, heute fahre ich zu meinem alten Freund, dem großen Jazzbassisten Jeff, fahre nach Santa Barbara.

Kann ich nicht mitkommen? Handelt es sich um Jeff Cooper?

Ja, antwortete er.

Wir können mit meinem Wagen fahren, sagte ich, dann sparen Sie Benzin.

In Ihrem fahre ich nicht, ich weiß ja nicht, was Sie für ein Fahrer sind, vielleicht ein miserabler, wir fahren in meinem, also los, kommen Sie mit.

Ja, sagte er, während wir in seinem Chevy den Pacific Coast Highway nach Santa Barbara fuhren, ich war der klügste Junge von Amerika und gehöre ins Weiße Haus, so schrie ich damals, als Präsident natürlich, und es gab nicht wenige, die mich gerne als Präsident gesehen hätten. Sie wählen wir, riefen sie. Da habe ich gemerkt, wenn man intensiv und aggressiv auf die Leute zugeht, kann man sie überzeugen, sie glauben viel lieber lautem Gebrüll, als leisen

Weisheiten. Nietzsche wäre auf der Third Street ein Versager gewesen, Freud hätte man ausgelacht, aber mir glaubte man alles, nur weil ich brüllte. Intensiv und ansteckend.

Ich blickte in den Rückspiegel und sah, daß Dean uns folgte, mal sichtbar, meistens versteckt. Gott sei Dank hatte ich mein Aufnahmegerät in der Westentasche.

Sie haben recht, sagte ich, Hitler war auch ein Brüller.

Hören Sie auf mit Hitler, der hatte die Macht, dem wäre man auch gefolgt, wenn er leise gesprochen hätte.

Sie lieben die Armen und hassen die Reichen, sagte ich.

Habe ich das gesagt? Nie würde ich das sagen. Im Gegenteil, in den meisten Fällen liebe ich die Reichen mehr, sie spenden. Sie sind auch besser als die Armen. Sie sind finanziell aus'm Schneider, die können und wollen sich Gutsein wieder leisten, je reicher, umso mehr Gutsein. Ihr Gerechtigkeitssinn dreht Spiralen, sie haben gelegentlich ein schlechtes Gewissen, soviel Geld zu haben, und spenden manchmal sogar über ihre Möglichkeiten hinaus. Und die Armen? Was können die sich leisten? Ihre Stänkereien können sie sich leisten. Sie haben begriffen, daß es viel schwerer ist, sich zu verstehen, als sich zu streiten. Also streiten sie.

Ich sah, daß sich eine lange Autoschlange hinter uns angesammelt hatte.

Ist es nicht besser, Sie fahren rechts ran und lassen den Verkehr vorbei? fragte ich.

Da haben Sie recht, sagte er und fuhr rechts ran.

Ich sah, wie Dean ebenfalls rechts ranfuhr und sich auf einem Parkplatz versteckte.

In Santa Barbara stiegen wir über ausgeblichene Holzbohlen, die über große Teerfässer gelegt waren. Dann klingelten wir an einer roten Tür, ein tiefes Rot in einem sandfarbenen Haus, Blumen rankten die Wände hoch, in den Fenstern erotische Skulpturen, die mit gespreizten Fingern versuchten, ihre Geschlechter zu bedecken ... Die Tür öffnete sich, eine alte Dame schob ihren Kopf nur Zentimeter durch den Spalt, dann nickte sie freudig: Ahh Frank, kommen Sie, kommen Sie ...

In einem alten Lehnstuhl saß Jeff Cooper, der mit dem Vater meines Freundes aufgetreten war, ein großartiger Musiker (Baß), hat mit Bill Evans gespielt, mit allen Großen seiner Zeit, er reichte uns die Hand und sagte: Gut, daß du gekommen bist, Frank, habe die Bänder von deinem Vater rausgesucht, die du haben willst, werde sie dir vorspielen. Dein Vater war einmalig, sagte er und goß Whiskey in Kaffeetassen, die er uns reichte, den wir aber nicht tranken. Und dann hörten wir zwei Stunden Klassik und Jazz, darunter auch das Thema des »Rommel-Trommelliedes«, eine zwanzigminütige Improvisation, grandios. Mir wurde klar, was für ein genialer Gitarrist der Vater meines Freundes aus Venice gewesen war.

Beim Abschied sagte Jeff Cooper: Am 12. März spielt Keith Jarrett in der Royce Hall, gehen Sie hin, hören Sie ihn, dann wissen Sie noch mehr über seinen Vater. Keith Pianist, Vater Gitarrist, aber beide einander ähnlich. Die Schlüsse zum Beispiel nicht wie bei Beethoven, bei Wagner, die nie ein Ende finden, sie enden zufällig, die Melodien verschwinden, hören auf. Die harmonischen Wechsel sind rasant, wie die rhythmischen Wechsel, und wenn Gary Peacock (Baß) seine Soli hat, wie sein Vater oder Keith Jarrett nur von Zeit zu Zeit eingreifend, unterstützend, sensibel, oja, gehen Sie hin. Hören Sie Keith Jarrett, dann hören Sie auch seinen Vater. Und hören Sie auch auf die Wechsel von laut und leise, lustig und ernst.

Was hatte Dean filmen können?

Ich möchte noch etwas durch die Stadt laufen, sagte er, frische Luft einatmen, bevor es wieder nach L. A. geht.

Danke, daß Sie mich mitgenommen haben, wenn es Ihnen möglich wäre, würde ich gerne eine Kopie der Aufnahmen Ihres Vaters haben wollen?

Das ist möglich.

Nun weiß ich schon eine Menge über Sie, auch Ihren Vornamen, aber nicht Ihren Nachnamen.

Abram. Frank Abram, klingt deutsch, nicht wahr?

Von Ferne betrachtet ja, aus der Nähe eher nein.

Dann betrachten Sie es eben aus der Ferne, für mich ist Abram deutsch. Meine Mutter heißt Lilo

Abram, auch deutsch, aus der Ferne betrachtet? Oder?

An einem Schaufenster blieb ich stehen, in der Spiegelung des Glases sah ich Dean. Mit seiner Frau, Pearl, die ihm bei den Aufnahmen behilflich war. Auf der anderen Straßenseite, hinter einem Baum versteckt.

Erzählen Sie von Ihrer Mutter.

Erzählen Sie, erzählen Sie. Sie sind unermeßlich in Ihrem Wunsche, von meinem Vater, von meinen Eltern zu erfahren.

Tut mir leid, aber ich bin unermeßlich.

Warum? Für ein Buch? Ein Theaterstück?

Vielleicht, vielleicht, ich weiß nicht. Ich habe einmal leichtsinnigerweise gesagt, jeder Mensch über vierzig ist eine Filmgeschichte, und als ich Sie oben in der Lachman traf, dachte ich, Sie wären eine, versuch's mit ihm …

Pause.

Ich eine Filmgeschichte? Mein Vater war eine, das ist gewiß …

Die Gitarre Ihres Vaters wird mir nicht mehr aus dem Kopf gehen, das »Rommel-Trommellied«, die Improvisation darüber, unvergeßlich.

Er zündete sich eine Zigarette an und betrachtete die Leute, die noch ihre Einkäufe machten. Einige Male blieb er stehen, um jemanden zu begrüßen.

Es war dunkel geworden, als wir ins Auto stiegen und uns auf den Weg nach L. A. machten. Es gab noch eine Menge Verkehr auf der Straße, immer am

Meer entlang, mit einigen Umleitungen, die uns für kurze Zeit vom Meer wegführten, so kurvten wir südwärts, vorbei an schroffen weißen Felsen, Erdrutschen, Rastplätzen mit überquellenden Mülleimern und zu Rinnsalen geschrumpften Flüssen, und sammelten hinter uns eine hupende Schlange wütender Autofahrer, die uns am liebsten in den Abgrund gestoßen hätten. Frank Abram ließ das vollkommen kalt. Hin und wieder erhob er sich während der Fahrt und beschimpfte sie alle durch das Sonnendach. Dann fuhr er doch rechts ran und ließ den Verkehr vorbei.

Hoffentlich hat Dean seinen schimpfenden Kopf gefilmt, wie er aus dem Sonnendach ragt, dachte ich. Als wir uns wieder in den Verkehr eingeordnet hatten, diesmal hielt er sich an die allgemeine Geschwindigkeit, sagte er: Meine Mutter lebt in San Francisco, eine Gospelsängerin und Cholerikerin, wie es nur wenige auf der Welt gibt. Von ihr habe ich das Laute, von meinem Vater das Leise. Sie hatte Vater und mir heftig zugesetzt. Sie wollte unbedingt, daß wir so werden, wie sie es wollte, aber wir konnten nicht so werden, hatten beide kein Talent dazu. Vater wollte sie laut und energisch, ein Mann, an den man sich wie an einen Ofen anlehnen konnte. Er aber war leise und nachdenklich und überhaupt kein Ofen. Er mochte Menschen nicht, die sich anlehnen wollten, ihm war körperliche Nähe zuwider. Er las gerne und spielte Gitarre, Sie haben gehört, wie. Er war fasziniert von der Musik der Schwarzen. Die Freiheit beim Jazz entsprach seinem Gefühl von Freiheit, über allem die Improvisation, das Überraschtwerden von Text und Musik. Zum Beispiel wenn er sang, überraschte er sein Instrument und sich selbst, dann flog er, war im Himmel. Er war ein Weißer mit schwarzem Blut, ich dagegen ein Schwarzer mit weißem Blut. Deswegen war er ein so viel besserer Gitarrist als ich, ja sogar besser als die meisten der großen Gitarristen. Er verliebte sich in Mutters Gospels, und sie verliebte sich in Vaters Gitarre. Mich wollte sie brav und artig. Aber brav und artig wollte ich nicht, fand ich zum Kotzen, ich wollte werden wie Vater, frei wie Jazz, frei wie Leben …

Frank Abram, den ich weiter meinen Freund aus Venice nennen werde, sang leise vor sich hin, und ich hörte ihm gerne zu. Rhythmisch und sauber, so wie ich es eben von seinem Vater gehört hatte …

Glauben Sie, fragte er mich überraschend, daß der Mensch mehrere Seelen haben kann?

Ich denke, ja, antwortete ich. Gerade hatte ich ähnliches gedacht, ich las ein Buch von Antonio Tabucchi, darin gibt es ein Gespräch zwischen der Hauptfigur, Pereira, und einem Pater. Pereira sagt, es gebe eine Theorie von zwei französischen Philosophen, die auch Psychologen sind, die behaupten, daß wir nicht eine einzige Seele, sondern ein Bündnis von Seelen besitzen, das unter der Vorherrschaft eines hegemonialen Ichs stünde. Und der Pater erwidert: Hör mir gut zu, Pereira, ich bin Franziskaner, bin ein einfacher Mensch, aber mir scheint, daß du zum Häretiker wirst. Die menschliche Seele ist einzig und unteilbar, und Gott hat sie uns gegeben. Ja, erwidert Pereira, wenn wir jedoch die Seele, von der die französischen Philosophen sprechen, durch das Wort »Persönlichkeit« ersetzen, handelt es sich nicht mehr um Häresie. Ich bin zu der Überzeugung gelangt, daß wir nicht eine einzige Persönlichkeit besitzen, wir haben viele Persönlichkeiten …

Wie heißt der Autor? fragte er.

Antonio Tabucchi, wiederholte ich.

Das erklärt meinen Vater, sagte er. In ihm steckten viele schwarze Persönlichkeiten, aber sicher stecken in uns allen viele Persönlichkeiten, in mir viele weiße …

Pause.

Mein Freund aus Venice war aufgekratzt, guter Stimmung, immer wieder unterbrach er sich, um eine Melodie zu summen, und ich dachte, diese Mischung aus Gesang und Erzählung, die auf besondere Weise die Beziehung zu seinem Vater herstellte, sollte ich im Film beibehalten. Mehr und mehr glaubte ich, ja, ich wußte es, daß der Film sich im wesentlichen auf diese Beziehung konzentrieren sollte.

Wann heirateten Ihre Eltern? fragte ich.

Als ich sieben war.

Wo lebten sie?

Wir hatten ein Zweizimmer-Apartment in der Nähe der La Brea. In der Hochzeitsnacht hörte ich meine Mutter schimpfen. Wer bist du eigentlich?

hörte ich sie schreien, sag es mir, ich muß es wissen.

Hab ich dir doch gesagt, hörte ich Vaters leise Stimme.

Hast du, hast du, aber ich glaube dir nicht, im Waisenhaus aufgewachsen, in New York, wieso hast du dann einen Akzent, so einen Akzent hat kein Kind aus einem New Yorker Waisenhaus.

Den Akzent habe ich von meinen Eltern, sie waren Deutsche. Sie verunglückten, antwortete er.

Und das soll ich dir glauben?

Versuche es.

Dieser Dialog zog sich über zwei Stunden hin, und das in der Hochzeitsnacht. Mutter wollte, jetzt, wo sie verheiratet waren, erst Klarheit, bevor es zur Sache ging.

Versuche es doch, versuche es doch, sagte er ...

Also gut, ich versuche es, sagte sie, und dann verschwanden sie in ihren Betten.

Mit sieben? Wußten Sie das?

Na ja, ich hatte mich daran gewöhnt, daß ich an ihrem Leben teilnehmen mußte, die Wand war ja nur zwei Zentimeter dick, eine Sperrholzplatte, die mein Vater eingebaut hatte, um aus einem Ein- ein Zweizimmer-Apartment zu machen. Er war nicht nur ein guter Gitarrenspieler, sondern auch ein guter Handwerker.

Womit verdiente er sein Geld?

Er war gelernter Maler bei einem Konstrukteur, der ihn deswegen immer holte, weil er Vater am besten betrügen konnte, weil Vater nie genau nach dem Geld guckte. Heute weiß ich, er wollte nicht genau gucken, weil er jedes Ärgernis vermeiden wollte, nicht auffallen, er hatte ja seine Gründe, nicht auffallen zu wollen.

Hätte sich Ihr Vater nicht der Polizei stellen sollen?

Aus heutiger Sicht, ja, aber die zwanzig Jahre, die er auf der Flucht verbrachte, hatten die vielen Persönlichkeiten, die in ihm steckten, zerstört, er glaubte nicht mehr an Gerechtigkeit, an gerechte Lösungen, und schon gar nicht glaubte er der amerikanischen Polizei.

Schlechte Erfahrungen?

Sie hatten ihn erwischt, bei einer Autokontrolle: Ihre Papiere? Und er hatte keine. Drei Tage hatten sie ihn eingelocht, erst der Konstrukteur und meine Mutter haben ihn wieder herausgeholt. Wie? Keine Ahnung. Wahrscheinlich mit geliehenen Papieren.

Ihr Vater dankte es Ihrer Mutter?

Er ja, aber Mutter nicht. Sie sprach nun von einem Verbrecher, den sie geheiratet habe, vielleicht sogar einem Mörder. Ich bange um mein Leben und das von Frank, schrie sie, nachdem sie ihn aus dem Gefängnis geholt hatte. Warum holte sie ihn aus dem Gefängnis, wenn sie Angst hatte, von ihm ermordet zu werden? Seit diesem Tage schloß sie sich nachts in ihr Zimmer ein.

Mit Ihnen.

Eben nicht, sie war nur um ihr Leben besorgt,

denn sie ließ mich von nun an mit Vater gemeinsam schlafen. In dieser Zeit begann ich meinen Vater zu lieben, er erzählte mir vorm Einschlafen Geschichten, machte mich auf die Ungerechtigkeiten in dieser Welt aufmerksam, erzählte von der Willkür der Polizei, der Willkür der Mächtigen und brachte mir das Gitarrespielen bei. Den Jazz, den Blues, den Swing. Die Musik ist wichtig, sagte er immer, kein Mensch kann sie dir nehmen, also übe, trainiere, du wirst sie im Leben brauchen können. Ich sagte ihm, ich bin bei dir aufgehoben wie in Abrahams Schoß, und mein Vater, Ernest Abram, lachte. Mein Vater ein Mörder, lächerlich. Er brachte mir auch bei, wie man mit Geld umzugehen habe, das war ihm sehr wichtig. Wenn man das nicht kann, sagte er, ist man in dieser Gesellschaft verloren, und du sollst nie verlorengehen.

War das der Grund, daß Sie zur Bank of America gingen?

Ja. Ausschließlich. Er kriegte natürlich mit, wie er von seinem Konstrukteur betrogen wurde, gelegentlich strich er mir über den Kopf und sagte: Ich bin noch nie so betrogen worden wie von ihm. Dann machte er eine Pause und sagte: Doch, bin ich, von Hitler und Rommel.

Hat er Ihnen viel über den Zweiten Weltkrieg erzählt?

Ja, für die Schule. Da gab's Fragen zum Zweiten Weltkrieg. Er machte übrigens meine Hausaufgaben. Dabei lerne ich am besten Englisch, sagte er. Gründlich und deutsch half er, und die Lehrer wunderten sich, was für ein guter Schüler ich sei. Trotz seiner großen Klappe lauter Einsen. Ein Wunder, bemerkten sie kopfschüttelnd.

Wann mußte er morgens los?

Um vier. Immer leise, damit Mutter und ich nicht aufwachten, schlich er auf Zehenspitzen zur Toilette, wusch sich, immer gründlich waschen, war seine Devise. Später am Strand wuschen wir uns jeden Morgen im Meer, und war er fertig, griff er sich die Aktentasche und das Frühstück und öffnete leise die Tür. War er draußen, meistens war ich ja wach, beobachtete ich die Türklinke, wie sie sich langsam nach oben bewegte, dann ein kleiner Ruck, ja, die Tür ist zu. Verschlossen. Erst dann war er beruhigt und ging zur Arbeit. Alles so leise wie möglich, damit wir nicht aufwachten, so rücksichtsvoll, so verdammt rücksichtvoll, und ich dachte, wie ungerecht Mutter doch ist, denn dieser Mann, mein Vater, beschützt uns. Jemand, der so sorgfältig die Tür abschließt, wird doch nicht daran denken, uns zu ermorden, wie Mutter immer wieder mal sehr laut behauptete.

Gegen 23 Uhr waren wir am Temescal Beach Parkplatz. Ich bedankte mich noch einmal. Dean hatte uns auf der Strecke überholt. Ich konnte es nicht lassen, kaum saß ich in meinem Wagen, rief ich ihn an. Dean erzählte es mir, begeistert von der roten Tür, im merkwürdig gelben Haus von Jeff Cooper: Das Licht war optimal, so weich, hätte ich besser nicht einleuchten können. Jeff Cooper habe ich seitlich durchs Fenster gefilmt, er sah aus wie der Mann mit dem Goldhelm von Rembrandt. Der Höhepunkt war, als er seinen Kopf aus dem Sonnendach steckte, ein Glück, daß Pearl fuhr, das Gehupe der Autoschlange, die aufgeblendeten Lichter, das kann man nicht inszenieren, das ist hohe Kunst. Als ich ins Bett ging, die Augen schloß, ging mir das Gitarrenspiel von Ernest Abram lange nicht aus dem Kopf ...

Los Angeles, 6. Februar

Heute ist Superbowl. Ein amerikanisches Fernsehereignis. Wir waren eingeladen von unserem Nachbarn. Davor ein Anruf von J. aus Paris. Mein Mitautor an einem Spielfilm, den ich hatte drehen wollen. J. bedankte sich für den Katalog, den ich ihm schicken ließ und der ihm sehr gefalle. Wie war die Ausstellung in L. A.? Gut, sehr gut, ich machte einige Ausführungen, doch das Gespräch wechselte zu A. B.

Hast du schon gehört? fragte er und erzählte mir, wer nun der Regisseur des Spielfilms sei, weißt du es?

Ja, weiß es, aber ...

Es interessiert dich nicht mehr.

Doch, mir ist es schwergefallen, dieses Projekt aufgeben zu müssen.

Aufgeben zu müssen?

Gezwungenermaßen, ja. Er schrieb mir, als ich meine Ausstellung von November, wegen dieses Filmes, in den Januar verlegen mußte, jetzt anfangen, sofort. Aber das geht nicht, antwortete ich, die Ausstellung wurde extra wegen des Films in den Januar verlegt, es geht nicht, kann nicht jetzt und sofort mit dem Film anfangen, den Sie kurz vorher so resolut verschoben haben. Obwohl die Mannschaft stand und ich anfangen hätte können. Wenn nicht jetzt und sofort, so er, muß ein anderer Regisseur her. Diese Mitteilung fiele ihm schwer, aber, aber. So schwer kann sie ihm nicht gefallen sein, denn schon einen Tag darauf, an einem Sonntag, so teilte er mit, unterschrieb er den Vertrag mit einem anderen Regisseur.

Ich suchte in den Unterlagen nach dem letzten Fax von A. B. Vom 29. November. Ich nahm es, setzte mich ins Auto, fuhr zum Strand, lief zum »Back to the Beach Café«, um ihm zu antworten. Alles kam wieder hoch, was ich so schnell wie möglich vergessen wollte. Wie ein Ball, den man unter Wasser drückt, läßt man los, schwupp, ist er wieder oben.

Er schrieb, er wolle nicht, daß ich komplett und mit einem Wermutstropfen Abschied nähme von dem Projekt, Weihnachten und Neujahr stünden schließlich vor der Tür. Er sei überzeugt, daß ich mit meiner reizenden Frau diese Zeit auf geruhsame Art zu verbringen gedächte. Er wolle seinerseits gerne dazu beitragen, daß die Zeit auch einen romantischen Ton erhielte, und schlug vor – einfach als eine kleine Geste und als Ausgleich meiner Bemühungen um den Film –, tausend Gramm des guten schwarzen Kaviars von ihm als Dank zu übermitteln.

Ich antwortete: »Lieber Herr B., Sie teilten mir lapidar in einem Fax mit, daß Sie, weil Sie auch sonntags arbeiten, den Vertrag mit einem anderen Regisseur unterzeichnet haben, sofort, ganz schnell. Nun, verehrter Herr B., soll ich Sie bewundern, daß Sie auch sonntags arbeiten? Daß Sie mich auch sonntags feuern können? Gegen Ihre sonntägliche Entscheidung steht eine siebenmonatige Arbeitsleistung meinerseits, so schnell also kann man eine siebenmonatige Arbeit vom Tisch fegen, weg mit ihr, der nächste Regisseur her. Ich will Ihre Lebensleistung nicht schmälern, fast dreihundert Filme, wer hat schon dreihundert Filme produziert, nie wäre ich auf den Gedanken gekommen, Sie könnten mich, der ich in das Buch erst Herz und Hoffnung hineinschrieb, der ich Besetzung und Location fand, der ich mich unaufhörlich mit dem Film beschäftigte, daß Sie mich in einem sonntäglichen Brachialakt aus dem Projekt schmeißen würden? Ich konnte mir vorstellen, daß Sie mich nicht bezahlen würden, was Sie ja auch nicht haben …«

In diesem Augenblick wurde ich unterbrochen, mein Freund aus Venice stand vor mir, lächelte: Ich sehe, Sie schreiben, über mich?

Noch nicht.

Über wen dann?

Ich schreibe einem Produzenten.

Dem B.?

Woher wissen Sie?

Hatte ich auf der Ausstellung gehört.

Was und von wem hatten Sie gehört?

Daß Sie den Film nicht inszenieren, obwohl Sie sieben Monate daran gearbeitet haben.

Und von wem?

Einer jungen Dame. Von der Presse, so sagte sie, und daß Sie es wegen des Themas für die Hälfte Ihrer Gage gemacht hätten. Das habe ich deswegen behalten, weil ich es für absurd halte, wegen eines Themas es für die Hälfte zu machen.

Haben Sie mit der Dame gesprochen?

Nein, sie stand während des Gespräches neben mir, ich hörte es ...

Wieso halten Sie es für absurd, es wegen eines Themas für die Hälfte zu machen?

Ist ein Thema billiger? Macht ein Thema weniger Arbeit? Ja? Nein? Wenn nicht, muß der Produzent Ihnen den vollen Preis bezahlen ... Wieviel Arbeit von Ihnen steckt in diesem Film?

Ich habe am Drehbuch geschrieben, den Film besetzt, die Drehorte gefunden ...

Dann seien Sie doch zufrieden. Sie kriegen für die Vorarbeit zwar nur die Hälfte, aber immerhin ...

Ich habe nichts gekriegt.

Nichts? Für sieben Monate nichts?

Doch, tausend Gramm Kaviar bietet er mir an.

Für sieben Monate Arbeit? Wünschen Sie ihm guten Appetit, und nehmen Sie sich einen Anwalt.

Der muß erst geboren werden, der es schafft, ihm auch nur einen Penny aus der Tasche zu leiern, sagte ich.

Der ist geboren, der steht vor Ihnen, glauben Sie mir, der ist ausschließlich mit solchen Dingen befaßt. Ich war doch Vize-Präsident ... Haben Sie einen Vertrag?

Vorvertrag.

Zeigen Sie ihn mir, und lassen Sie mich Ihrem Produzenten antworten, ich mache ja nichts anderes als schreiben. Wie Sie wissen, schreibe ich für alle hier. Briefe, Anträge, Lebensläufe, an Staat, Kirche, Ämter, was alles so anfällt. Mit großem Erfolg. Wollen Sie mir Ihre Antwort vorlesen?

Ich las ihm die paar Zeilen vor ...

Halt, halt, Sie beginnen schon mit einer Lüge. Sie schreiben »Lieber Herr ...« War er denn ein Lieber?

Nein.

Also beginnen Sie mit der üblichen Anrede: »Sehr geehrter Herr ...« Sie sollten wirklich mich den Brief schreiben lassen. Ich bin im Umgang mit faulen Zahlern erfahren ...

Ich habe zwar keinen Spaß daran, solche Briefe zu schreiben, aber erst wenn ich nicht weiterweiß, werde ich mich an Sie wenden.

Vergessen Sie es nicht. Heute ist Superbowl.

Ich weiß, bin eingeladen von unserem Nachbarn.

Dann wünsche ich Ihnen beim Produzenten Erfolg und beim Superbowl Spaß …

Leider war Dean nicht da, leider hatte ich mein Aufnahmegerät nicht in der Westentasche, so schreibe ich diesen Abschnitt aus der Erinnerung.

Los Angeles, 8. Februar

Wir hatten uns für den 8. verabredet, vorher traf ich mich mit Dean und Pearl. Dean hatte vorgeschlagen, mit zwei Kameras zu arbeiten, es wäre effektiver.

Wir haben uns am Strand verabredet, sagte ich. Dean lachte und sagte: Mach dir keine Sorgen, am Strand filmt jeder, es wird ihm nicht möglich sein, festzustellen, daß wir ihn filmen.

Frank und ich begrüßten uns wie alte Bekannte.

Na wie geht's? fragte er. Gut geschlafen?

Und ich fragte, gleich zur Sache kommend: Wie war die Beziehung Ihrer Mutter zu Ihrem Vater?

Sehen Sie mal die kleinen Vögel an, sagte er, wie aufgezogene Spielzeuge, ohne Kopfbewegungen laufen sie, von den Wellen weg, zu den Wellen hin …

Erzählen Sie.

Ich werde Ihnen die Geschichte mit der Uhr erzählen, sagte er. Es war an einem Samstag, und samstags fuhren wir immer zum Meer, davor manchmal zum Markt in der Third Street. Kurz vor der Third Street holte meine Mutter etwas aus ihrer Tasche, hielt es mir vor die Nase und fragte, in so einem gemeinen singenden Ton: Kannst du mir sagen, woher du diese Armbanduhr hast?

Ach, du lieber Gott, muß ich wohl gesagt haben, zumindest habe ich das gedacht, die hatte ich mitgehen lassen, als ich meine alte reinigen ließ.

Und? fragte meine Mutter.

Nichts zugeben, dachte ich, alles ableugnen, hatte jedoch Zweifel, ob das gelingen könnte. Ich kannte meine Mutter, sie würde mir das Lügen nicht gerade leicht machen.

Woher ich die habe? antwortete ich.

Na, sag schon.

Von einem Freund.

Von welchem?

Kennst du nicht.

Ich möchte ihn aber kennenlernen.

Der ist verreist.

So? Verreist? Warum hat er sie dir geschenkt?

Nicht geschenkt, getauscht, sagte ich.

Was hast du ihm dafür gegeben?

Möchte ich nicht sagen.

Warum nicht?

Ich möchte nicht.

Mutter hielt mir die Uhr immer noch vor die Nase, auf die ich so stolz war, eine mit Stoppuhr. Mist, dachte ich.

Du denkst wohl darüber nach, wie du aus dieser Angelegenheit rauskommst? sagte sie. Ich will dir sagen, wie. Und sie zeigte mir die Quittung, die ich mir bei Walters, in der La Cienega, für die Reinigung hatte geben lassen. Morgen bringst du sie zurück und entschuldigst dich. Ich will keinen Dieb als Sohn.

Pause.

Dann wandte sie sich an meinen Vater, nun wieder in ihrem herrschsüchtigen Ton: Es schadet nichts, wenn du dich auch einmal um die Erziehung deines Sohnes kümmerst und ihm die Leviten verliest.

Vater nickte.

Und dann Schweigen. So ein häßlicher stummer Krach. Igittigitt ... Wie will Vater mir, dachte ich, wegen dieses Diebstahls die Leviten verlesen, da ich doch weiß, daß er selber gestohlen hatte, seine wertvolle Gitarre nämlich. In diesem Augenblick fand ich eine Menge widerlich: nämlich die Wahrheit sagen zu müssen, bei einer Lüge ertappt worden zu sein und morgen die Uhr zu Walters bringen zu müssen.

Zu Hause verlas mir Vater die Leviten noch lange nicht. Als Mutter zu ihren Proben fuhr, sagte er: Wenn Mutter wieder da ist, gehen wir beide vor die Tür.

Und dann?

Schmeiße ich einen Kochtopf auf den Boden, damit es ordentlich Krach macht, schön scheppert, ich brülle, und du beginnst zu heulen. Dann kommen wir in die Küche, und ich verlange von dir, ins Bett zu gehen.

Die Strafe?

Ohne Abendbrot ins Bett.

Mein Vater schob mir ein Päckchen in die Tasche.

Was ist das? fragte ich.

Dein Abendbrot, antwortete er.

So war mein Vater. Er konnte mir nicht die Leviten verlesen, es ging einfach nicht.

Strafe muß sein, sagte ich und gab ihm das Abendbrotpäckchen zurück. Auf das Abendbrot muß ich leider verzichten. Ich hatte mir gerade den Magen mit einem Sandwich vollgestopft, Strafe wäre gewesen, wenn ich das Abendbrot hätte essen müssen. Ich sagte: Aber das mit dem Kochtopf und Brüllen finde ich gut, ich werde winseln und heulen, daß Mutter ein schlechtes Gewissen bekommt.

Mach nicht zuviel.

Doch, mache ich. Sie soll einen Schreck bekommen.

Ja aber …

Laß mich mal machen. Sie soll aufhören mit ihren Launen.

Laß sie doch, sagte Vater, sie kann nicht anders.

Vater war immer auf Ausgleich bedacht. Jeden Vorwurf ließ er unbeantwortet über sich ergehen. Wenn ich heute an Vater denke, fällt mir kein anderer Fehler ein als dieser: immer auf Ausgleich bedacht zu sein.

Warum tust du das? fragte ich ihn.

Er winkte ab. Er liebte Mutter, mit all ihren cholerischen, hysterischen Anfällen. Wenn die kamen, zog er den Kopf ein, weiter nichts. Ich finde, er hätte mal zurückbrüllen müssen, mal lauter sein als sie, aber nein. Lautsein war nichts für ihn. Selbst wenn er sang, war er leise, obwohl er eine laute Stimme hatte. Nur wenn Vater Mutters Gospelgesänge begleitete, auf seiner gestohlenen Gitarre, mit wunderbaren Harmonien, dann wurde er ein anderer, dann war er nicht mehr er, entrückt in die Welt der Musik, in die Musik der Schwarzen, dann war er ein Schwarzer, und Mutter, die Schwarze, sang wie Ella Fitzgerald, begeisterte sich und inspirierte ihn, dann waren beide weit weg von dieser Welt und verliebt.

Pause.

Als Mutter von der Probe kam, verlas Vater mir, wie vorgenommen, die Leviten. Und sie bekam einen Schreck. Ich heulte und winselte herzzerreißend, so daß Mutter sich gezwungen sah, sich wieder in die Erziehung einzumischen.

Nun laß den Jungen endlich in Ruhe, sagte sie.

Lange Pause.

Für heute ist genug, sagte Frank, ich will nach San Diego, muß nach meiner Familie sehen.

Würden Sie mich auch mal zu Ihrer Familie mitnehmen?

Nein. Da haben Sie nichts zu suchen.

Ich traf mich mit Dean auf dem Temescal Beach Parkplatz. Er war wie immer begeistert, auch Pearl, aber soweit kannte ich ihn, Dean kann ohne begeistert zu sein nicht arbeiten, seine Begeisterung motiviert ihn. Pearl meinte, ich hätte mir das Gespräch nachmittags gewünscht, da wäre der Sonnenstand überm Meer gewesen, und man hätte euch beide in einem wunderbaren Gegenlicht gehabt, wie Scherenschnitte. Dean immer begeistert, Pearl immer skeptisch.

Los Angeles, 10. Februar

Am Dienstag, dem 11. Januar, hat das Unwetter aufgehört, jede Stunde ein Inch Regen, können Sie sich das vorstellen? fragte mich mein Nachbar. Bei uns hat's reingeregnet, bei denen, bei denen auch. Er zeigte die Häuser, in die es reingeregnet hatte. Bei denen, er zeigte den Berg hinauf, eine stattliche Villa, gerade vor dem großen Regen fertig geworden, da stand das Wasser kniehoch über dem neuen Parkett, alles versaut, alles versaut, stellen Sie sich das vor. Und bei Ihnen?

Ich spürte, er wäre enttäuscht, hätte es bei uns nicht reingeregnet.

Es hat auch, sagte ich, an drei Stellen, beinahe auf den Computer und beinahe auf den Flügel.

Mein Nachbar nickte zufrieden.

Ich machte mich mit Dean und Pearl auf den Weg, wie immer trennte ich mich von ihnen auf dem Temescal Beach Parkplatz. Ich nahm mein Fahrrad vom Ständer meines Autos und radelte los, auf der Suche nach meinem Freund aus Venice. Noch waren wir von einer Filmgeschichte entfernt, aber die Muster gaben uns recht, wir waren auf dem richtigen Wege.

Ich sah meinen Freund mit einem Eimer Wasser aus dem »Back on the Beach Café« kommen. Zwei

Obdachlose prügelten sich, ein Weißer und ein Schwarzer, unversöhnlich, direkt vorm Café. Mein Freund ging auf die beiden zu und schüttete das Wasser über sie. Ein Moment Ruhe. Dann sprangen die Schläger wieder auf, brüllten, schrien, wollten sich nun mit ihm anlegen, er streckte seine Arme aus und hielt die beiden von sich. Es wurde verhandelt. Laut beginnend, leiser werdend. Was verhandelt wurde, konnte man nicht verstehen, zu weit weg. Nach fünf Minuten etwa verzogen sich die beiden Schläger, langsam, in entgegengesetzte Richtungen, sich die blutigen Nasen wischend. Ein weiterer Sieg unseres Freundes aus Venice.

Nein, ich werde ihn jetzt nicht ansprechen, diese Auseinandersetzung mag ihn angestrengt haben, vielleicht werde ich es nachmittags versuchen. Mir fiel auf, daß er überhaupt nicht mehr wie ein Homeless aussah. Immer saubere Hemden, wie machte er das? Hat Dean die Auseinandersetzung gefilmt? Habe ihn nirgendwo erspähen können. Auch Pearl nicht. In jedem Fall drehen beide Schnittbilder, vom Meer, von Venice.

Wie ging es denn weiter mit der Uhr? fragte ich ihn zwei Stunden später im »Back on the Beach Café«.

Gar nichts ging weiter, sagte er ziemlich schroff, heute stehe ich Ihnen nicht zur Verfügung.

Wann dann? fragte ich.

Kommen Sie morgen, gleiche Stelle, gleiche Welle.

Gut, dann bis morgen, sagte ich.

Los Angeles, 11. Februar

Wie ging es denn weiter mit der Uhr? fragte ich ihn.

Ach, lassen Sie mich mit der Uhr zufrieden. Ich hatte gestern einen beschissenen Tag, wirklich beschissen. Komme aus San Diego, die Kleinste hat Grippe, nun ja, kann passieren, sie ist auf dem Weg der Besserung, dann treffe ich meinen früheren Chef von der Bank, ein Kotzbrocken, ein Stänkerer erster Güte, der sieht mich und streckt seine kurzen Arme nach mir aus: Wir vermissen dich, wir vermissen dich, lügt er und umarmt mich, und ich lüge ebenfalls und sage: Ich vermisse dich auch. Und dann bleibt er und bleibt, und erzählt mir lauter Scheußlichkeiten über meine früheren Kollegen von der Bank, und ich höre zu, sage nichts, widerspreche nicht, verprügle ihn nicht. Nachdem er endlich weg ist, prügeln sich zwei Homeless, ein Weißer und ein Schwarzer, unerbittlich, wenigstens die konnte ich trennen.

War Ihr ehemaliger Chef ein Mann der Schweinereien, wie Sie mir am 14. August vorigen Jahres erzählten?

Hab ich? Am 14. August vorigen Jahres? Sie haben ja ein gutes Gedächtnis.

Ich erinnere mich deswegen, weil ich Sie nach einem Beispiel gefragt hatte, und Sie antworteten mit ja, aber erzählten nichts.

Dann werde ich es Ihnen heute erzählen, das ist wenigstens eine lustige Geschichte, eine, die auch mich erfreut. Es war wohl die Größe meines ehemaligen Chefs, 1,64 Meter, die ihn zum Kotzbrokken machte. (Er zeigte mit der Hand die Größe an.) Der stauchte seine Untergebenen erbarmungslos zusammen. Mich ließ er lange aus, bis er eines Tages auch mit mir anfing. Da sagte ich ihm, was ich von ihm hielt, und was ich sagte, war nicht gerade schmeichelhaft für ihn. Auch wollte ich ihm einen Denkzettel besonderer Art verpassen. Mittags ging er fast immer ins selbe Restaurant, zweimal um die Ecke, am Wilshire. Das Restaurant kannte ich gut, war da auch gelegentlich. Ich erwartete ihn, zwischen Stapeln von Holz und einer alten Sägemaschine versteckt, die dort seit Jahren verrottete, da mußte er vorbei. Ich hatte vor, ihn zu verprügeln, wußte aber, er war schnell und stark, er könnte mir wie ein Rammbock in den Unterleib laufen, ich stand also hinter dem Holzstapel versteckt und wartete auf ihn. Ich weiß nur, mein Zorn auf ihn verflog in dem Moment, als ich ihm ins Gesicht schlug. Er stürzte zu Boden, und ich brauchte einige Sekunden, um sicher zu sein, daß ich ihn nicht schwer verletzt oder gar getötet hatte. Aber er sprang auf, als sei er von einer Tarantel gestochen worden, so schnell, so hastig, als wolle er mir beweisen, daß er nie auf dem Boden gelegen habe. Ich jedenfalls war erleichtert. Er stand auf, wischte sich den Dreck vom Anzug, und dann fand folgender Dialog statt, den ich aufgeschrieben habe. Er sagte mir zum Beispiel, daß ich der häßlichste Mensch der Welt sei mit meinen 1,94. Und ich sagte ihm, daß er die unangenehme Ausgabe von Truman Capote sei, groß wie eine Flinte und ebenso geräuschvoll. Noch gehässiger als dieser. Und er bestand darauf, wie häßlich ich sei. Immer wieder dasselbe, wie häßlich ich sei. Ich sagte ihm, ich habe nichts gegen Häßlichkeit, im Gegenteil, ich wollte schon immer wie ein Bussard sein, der sich keine Sorgen um sein Aussehen machen muß, es mag ihn ohnehin niemand. Er ist häßlich und überall unwillkommen. Sein Problem dagegen sei, daß er klein und abstoßend ist, aber überall willkommen sein möchte, was er aber nicht ist. Ich stelle Sie mir vor, wie Sie schon als kleiner Junge sich vor jedem Spiegel drückten, die Backen aufbliesen und sich einredeten, der Größte zu sein: Junge, Junge, ich und Napoleon, ich und Einstein, ich und Muhammed Ali, und dann gingen Sie mit dem Gefühl, Einstein zu sein, unter die Leute, und die? Drehten sich weg.

Natürlich hörte er nicht gerne, was ich sagte, sollte er auch nicht, ich wollte ihn nur kränken. So wie er die anderen kränkte, wollte ich ihn kränken. Ich dachte, er würde mir ins Gesicht schlagen, um mich auf dem Boden zu sehen, aber er stand da und schwieg. Keinen Mucks, als hätte er seine wortreichen Beleidigungen, seine wortreichen Kränkungen, seine wortreiche Arroganz vergessen. Stumm, nichts, ein besiegter kleiner Despot, der nach einem Ausweg für sich suchte. Dann fand er ihn, er schaute auf den Boden, wo er mich gerne gesehen hätte, dann hoch zu mir, blickte mich lange an, kam auf mich zu und reichte mir die Hand. Devot, kleinlaut, als wolle er sich entschuldigen, daß ich ihn geschlagen hatte. Mit diesem Handschlag gab er mir zu verstehen, daß er sich auf zweierlei Weise geschlagen fühlte, einmal auf den Boden, das ginge ja noch, das zweite Mal entlarvt als Maulhure, als Angeber, als Feigling. Den man schlagen kann und der nicht zurückschlägt. Das war zuviel für ihn. Dann lieber das Angebot einer Versöhnung, einer heimlichen Versöhnung, verstand sich, die uns, als ehrenwerte Männer, zum Schweigen über diesen Vorfall verpflichtete. Ehrenwerte Männer!

Nun hatte ich auch nie vor, über diesen Vorfall zu berichten, aber interessant war, daß er seitdem vorsichtiger schikanierte, hinter dem Rücken der anderen. Ich persönlich fand es wohltuend, daß er hinter dem Rücken schikanierte. Sagen Sie hinter meinem Rücken, was Sie wollen, aber nicht mir ins Gesicht, sagte ich ihm. Was Sie mit den anderen machen, ist mir gleich, soll sich doch jeder selbst wehren. Und wenn sie's nicht können, sollen sie es lernen, aber, aber ... sie lernen's sowieso nie. Die Feigheit der meisten war schon beeindruckend, sie buckelten weiterhin vor ihm, und ich, ehrlich gesagt, war schon lange fertig mit allen. Hatte die Nase voll, und hinzu kam, daß ich mein Geld gut angelegt hatte und nun in die Freiheit konnte, in die Natur, an den Strand, so leben, wie es mein Vater mir beigebracht hatte. Am Strand und finanziell abgesichert. Also kündigte ich. Im stillen hatte ich gehofft, er hätte wenigstens soviel Charakter, daß er mich bei den

Vorgesetzten anschwärzen würde, damit sie die Kündigung aussprechen würden, aber nein, der Faustschlag in sein Gesicht hatte ihn vorübergehend vergessen lassen, daß er ein gewissenloser Machtmensch war. Nein, bitte, bitte, nicht kündigen, bat er mich, er schämte sich nicht, zu übertreiben, wie: Es wäre ein Katastrophe für die Bank, wenn sie mich verlöre etc. etc.

Pause.

Und der läuft mir heute übern Weg und tut so, als gäbe es keine größere Freude für ihn, als mich zu treffen, und lügt mir ins Gesicht, ich solle doch wieder in der Bank anfangen, und ich? Lüge genauso. Sie werden verstehen, kein schöner Tag für mich.

Er stand auf, setzte seinen Hut auf und ging.

Halt, halt, wo treffe ich Sie wieder?

Versuchen Sie's morgen, rief er, ohne sich umzublicken.

Los Angeles, 12. Februar

Ich möchte nochmal auf die Uhr zurückkommen, sagte ich, wie ging es weiter?

Ja, sagte er und zog das Ja in die Länge.

Pause.

Ich war in der La Brea und habe meine Bude auf Vordermann gebracht. Ordnung gemacht. Sieht nun wieder menschlich aus. Paar Tage nicht da gewesen, und alles ist voller Staub, man möchte glauben, da gibt es Leute, die angestellt wurden, um den Staub durch die Ritzen zu pusten.

Würden Sie mich mal in die La Brea mitnehmen?

Was wollen Sie da sehen? Meinen Schreibtisch, meine Liege, den elektrischen Ofen? Oder die beiden gelbgestrichenen Stühle, das weißgestrichene Bücherregal? Oder den wackligen Rattan-Tisch, an dem ich hin und wieder mein Mittagessen einnehme?

Würde mich interessieren.

Wirklich, würde Sie das? Ich habe Ihnen doch eben ein Bild meiner Bude geliefert. Das einzig Interessante sind die Zettel auf meinem Schreibtisch. Da steht alles drauf, was ich nicht vergessen will. Seit meinem zehnten Lebensjahr fürchte ich eigentlich nur das Vergessen.

Warum?

Er machte eine Pause und rieb sich mit ausgestreckten Fingerspitzen die geschlossenen Augen.

Das Vergessen ist das Schlimmste, was einem passieren kann. Wenn man vergißt, hält man das ganze Leben für einen Trick. Gehe ich über einen Friedhof, denke ich, alles ist nur ein Trick, uns einzureden, daß wir sterben müssen, daß es Tote gibt. Nachts kommen die toten Geister aus den Gräbern und lachen über uns, über unsere Dämlichkeit. Ist mein Vater zum Beispiel tot? Wo ist er gerade jetzt? Wo stimmt er seine Gitarre?

Pause.

Ich blickte mich um und sah Dean und Pearl mit dem Rücken zu uns am Strand sitzen, die Jacken über die Schultern gelegt, und unter den Jacken ahnte ich die Kameras. Auf uns gerichtet. Immer fürchtete ich, Dean könnte zu leichtsinnig werden, er braucht das Risiko, er könnte entdeckt werden, und alles wäre umsonst.

Gegen das Vergessen, das Sie fürchten, sollte auch ich Ihre Geschichte festhalten.

In einem Buch ja, antwortete er, oder in einem Artikel, beides könnte sogar nochmal nützlich werden, aber keinen Film über mich.

Warum, frage ich Sie noch einmal, warum keinen Film?

Ich mag keine Filme, Hollywoodseifenblasen, nein danke.

Darf ich wenigstens ein Aufnahmegerät benutzen? Ich habe nämlich auch Angst zu vergessen.

Nichts dagegen, sagte er.

Ich holte mein Aufnahmegerät, das schon so gute Arbeit geleistet hatte, aus der Westentasche, stellte es auf den Tisch und drückte den Aufnahmeknopf.

Also gut, sagte er, zurück zur Uhr. Ich ging also zu Walters in den Uhrenladen, drei Kunden vor mir, und überlegte, wie ich dem Verkäufer beibringen würde, daß ich die Uhr gestohlen habe. Ich war dran und hatte immer noch keine Ahnung, wie. Es entstand eine Pause. Mister Walters blickte mich an:

Und?

Ich sagte nichts.

Na, was ist? fragte er.

Gar nichts, sagte ich.

Gar nichts? fragte er.

Doch, etwas. Ich bringe diese Uhr zurück.

Ich reichte ihm die Uhr über den Ladentisch. Meine Hand zitterte, und er schaute sie an. Nun nimm sie doch endlich und sieh nicht auf das Zittern meiner Hand, dachte ich, aber er nahm sie nicht. Sah auf meine Hand und ließ sie zittern. Ich wurde verrückt.

Was ist mit ihr? fragte er. Mister Walters (aus Österreich kommend) klemmte sich ein Vergrößerungsglas ins Auge und sagte: Halt die Uhr höher.

Meine Hand zitterte nicht mehr, sie machte Sprünge.

Können Sie nicht mal die Uhr nehmen? fragte ich.

Die ist doch neu, sagte er.

Ja, ist sie.

Und was soll ich damit?

Zurücknehmen.

Pause.

Ich blickte mich unbemerkt um, konnte Dean und Pearl nicht mehr entdecken, wo waren sie? Ich hatte das Gefühl, auch mein Freund aus Venice würde sich umblicken, irrte ich mich? Seine Augen waren unruhig, hatte er …

Endlich konnte ich die Uhr auf den Ladentisch legen. Mr. Walters lief dorthin, wo ich die Uhr gestohlen hatte, suchte nach ihr …

Aha, sagte er, du warst es.

Ja.

Und nun? fragte er. Soll ich mich bedanken, daß du sie mir gestohlen hast?

Nein.

Also was.

Ich schwieg.

Warte einen Augenblick, sagte er und ging ins Hinterzimmer, war aber gleich wieder da, mit einem Kollegen. Beide sahen mich an und tuschelten miteinander. Dann kam er auf mich zu, und was dann geschah, war der Beginn der Tragödie.

Er fragte: Ist dir wohl schwergefallen?

Ja, sagte ich.

Deine Hand zitterte. Hattest Angst.

Ja, sagte ich.

Bist also ehrlich, hast ein schlechtes Gewissen bekommen, richtig?

Richtig.

Wir schenken dir die Uhr.

Aber ich …

Was aber ich?

Wie soll ich das meiner Mutter erklären?

Er gab mir seine Visitenkarte …, sie soll mich anrufen … geh nach … geh nach …

Alles geschah ganz plötzlich. Mein Freund aus Venice griff hinter sich, hatte Dean am Kragen erwischt, die Kamera rutschte Dean aus den Händen, beinahe wäre sie auf den Boden gefallen, Dean konnte sie im letzten Augenblick auffangen.

Filmst du mich? schrie er.

Nein, log Dean.

Lüge nicht, ich spüre doch, daß du mich filmst ...

Ich filme Venice, wie alle andern, alle filmen doch Venice, log Dean.

Mein Freund aus Venice sah mich an. Kennen Sie sich?

Nein, log ich.

Wenn ich Sie nochmal hier erblicke, sagte er erregt zu Dean, dabei sah er mich an und richtete den nächsten Satz an mich, dann können Sie Ihre Geschichte sonstwo suchen.

Er war rot vor Zorn, Dean ging Richtung Santa Monica, hin und wieder die Kamera vors Gesicht haltend, so tuend, als würde er filmen, verzweifelt, man konnte die Verzweiflung an seinem Rücken ablesen.

Können wir weitermachen? fragte ich so harmlos und unschuldig wie möglich.

Nein, möchte nicht, habe kein gutes Gefühl, es sagt mir, daß Sie nicht aufrichtig zu mir sind.

Es gibt keinen Grund für Ihre Gefühle, sagte ich, ich würde gerne die Geschichte weiterhören.

Er stand auf, zahlte, setzte seinen Hut auf und ging, diesmal ohne sich zu verabschieden.

Wir trafen uns wie immer am Temescal Beach Parkplatz. Wir waren alle etwas verzweifelt, wie sollte es weitergehen? Gott sei Dank hatte er Pearl nicht entdeckt, Pearl war ohnehin viel vorsichtiger als Dean.

Ich schlage vor, sagte ich, Dean bleibt die nächsten Tage weg …

Nein, nein, antwortete Dean, wenn ich wegbleibe, wäre es wie ein Eingeständnis, im Gegenteil, ich werde die Westseite filmen, dabei bekommen wir noch mehr Schnittmaterial, und Pearl übernimmt die Ostseite, da wo ihr immer …

Hoffen wir, sagte ich, daß wir ihn überhaupt nochmal zu Gesicht bekommen, so wie er mich verließ, ohne Abschied, wir werden ja sehen …

Mein Fehler war, sagte Dean, ich wollte ihn einmal groß von vorne haben, sein Profil habe ich mehr als genug, dabei hat er mich erwischt.

Wir reichten uns die Hände und waren entschlossen weiterzumachen. Wir werden weiter lügen, weiter filmen. Das Problem am Ende, wenn der Film einmal fertig werden sollte, werde ich haben. Denn ich werde ihm den Film vorführen und hoffen, daß er ebenso begeistert über das Resultat sein wird wie wir. Aber bis dahin war noch Zeit. Das Material, das wir uns jeden Tag ansahen, war jedenfalls einmalig schön. Niemand wird glauben, daß er der erste war, auf den ich nach meiner Wette mit Joseph zugegangen bin.

Tatsächlich, die nächsten Tage sah ich nichts von ihm. Ich fuhr sogar zur La Brea, in der Hoffnung, der Zufall käme mir zu Hilfe, und ich könnte ihn treffen. Nichts, kein Zufall. Außerdem kannte ich ja seine Adresse nicht. Also kaufte ich in der La Brea Bakery ein Brot (Normandy Rye), das man nur dort frisch und knusprig bekommt, und fuhr unverrichteter Dinge wieder nach Hause.

Los Angeles, 13. Februar

Mein Freund aus Venice war nicht auffindbar, nicht in Venice, nicht in den Cafés. Ich ging zur Third Street, zweimal auf und ab, hörte einem Gitarrenspieler zu, er spielte sauber, technisch einwandfrei, Stücke von Heitor Villa-Lobos, ich entschloß mich, in unseren CD-Laden zu gehen, da kaufen wir häufig ein, und hörte mir Andrés Segovia an. (One of the greatest guitarists the world has known). Etüde Nr. 8 in c-Moll von Villa-Lobos, von Federico Moreno-Torroba die Sonatina in A-Dur. Frank Abram hatte ihn gelegentlich erwähnt, der würde spielen wie sein Vater. Wenn sein Vater klassisch spielte. Die Klangvorstellungen seien bei beiden ähnlich. Ob die Saiten nur mit den Nägeln angerissen werden (metallene Klänge) oder mit den Fingerkuppen, welche Unterschiede. Celloklänge. Die Gitarre mit ihren Möglichkeiten. Als ich gehen wollte, zeigte mir der Verkäufer eine CD von Gidon Kremer und seiner »Kremerata Baltica«. Titel, die ich vor kurzem in der Lübecker Musikhochschule gehört hatte. Von Leonid Desyatnikov »Wie der alte Leiermann« für Violine und Streichorchester in einem Satz. Alfred Schnittke, Gratulationsrondo für Violine und Streichorchester. Wolfgang Amadeus Mozart, Konzert für Violine und Orchester Nr. 1 B-Dur KV 207.

Franz Schubert, Streichquartett G-Dur D 887 opus 161.

Ich hörte mir das Streichquartett an und erinnerte mich an eine Begegnung mit Gidon Kremer. In L. A. trafen wir uns nach seinem Konzert in der neuen Disneyhalle, beim deutschen Konsul Dr. Wendler und dessen Frau (eine gute Malerin), in dessen Villa. Kremer hatte das Sibelius-Konzert gespielt, Noten auf dem Ständer. Warum mit Noten, hätte ich ihn gerne gefragt. Ängste? Zu vergessen? Steckenzubleiben? Kann man das nicht verstehen, ein Mann mit diesem Repertoire? Ich erzählte ihm, daß ich von ihm in Schleswig-Holstein (Hasselburg) die César-Franck-Sonate gehört hatte, gänzlich anders, wo andere sich um ein Fortissimo bemühen, blieb er so leise, wie die Violine es gerade noch hergab, die Töne kaum wahrzunehmen, und umgekehrt natürlich, das Leise laut. Das ganze Konzert hatte er verändert, auf den Kopf gestellt. Er antwortete: Ich spiele so, wie Franck es geschrieben hat, nur lese ich die Noten anders als die anderen.

Dann sprachen wir über Hotels, über immer neue Betten, andere Badezimmer, wie man sich ständig durch neue Hotelzimmer tasten muß, und wie er neulich zu Hause, im Halbschlaf, nicht mehr wußte, wo die Toilette war. Mir fiel Dieter Hildebrandt ein, der einmal sagte, seine Frau, ebenfalls durch viele Hotelzimmer konfus gemacht, habe in ihrem eigenen Hause, noch halb schlafend, nach dem Telefon gegriffen und Frühstück bestellen wollen. (Lachen.)

Dann sprachen wir über Peter Ustinov, den er vor kurzem in Köln getroffen hatte, was machen Sie denn hier, fragte er ihn, ich spiele Geige, antwortete Ustinov wie aus der Pistole geschossen. (Lachen.) Es wurde ein Abend voller Schnurren, voller Nebensächlichkeiten, die Violine spielte kaum eine Rolle.

Aber auf dieser CD spielte sie wieder die Hauptrolle, wie es bei Gidon Kremer sein muß, großartig leicht, großartig unbemüht. Violinschnurren, zum Beispiel Schuberts Leiermann aus der Winterreise, da stöhnte schon mal der Leiermann und kratzte dissonantige Doppelgriffe, getragen von einer harmonischen Kremerata. Die Celli hätte ich mir, so erinnerte ich mich an das Konzert in Lübeck, einige Male expressiver gewünscht, aber man wünscht sich ja fast immer einiges anders, dennoch ein gelungener Abend.

Los Angeles, 14. Februar

Einladungen, aus Deutschland, aus Amerika. Im nächsten Monat kommt der bayrische Ministerpräsident nach L. A., bitte kommen Sie. Einladung einer Galerie am Wilshire, Einladung einer Galerie am Rodeo, Aufforderungen, über das Kriegsende zu berichten, wie ich es erlebte. Das Kriegsende wieder ganz nah. Noch bleibe ich aber in der Gegenwart, bei Stoiber, der nächsten Monat nach Amerika kommt.

Noch in Frankfurt, einen Tag vor dem Abflug nach L. A., waren wir im Hotel durch die Kanäle des

Fernsehens geflippt und blieben bei der Verleihung des Bayrischen Filmpreises hängen. Halt mal, sagte Gabi. Schlöndorff bekommt den Ehrenpreis, Stoiber hält die Laudatio. Stoibers Laudatio gut, Schlöndorffs Antwort ebenso. Ich erinnere mich, wie anders Stoiber mich behandelte, als wir diesen Preis für »Die Manns« bekamen. Ich hatte sicher meine Dankesworte nicht nach der Vorstellung des Ministerpräsidenten gewählt, ich sagte, in meinem Alter weiß man ja nie, ob man den Preis schon fürs Alterswerk kriegt oder noch für eine bestimmte Leistung. Und dachte an Mario Adorf und Hardy Krüger, die ihn, etwa gleich alt wie ich, schon fürs Lebenswerk bekommen hatten. Aber, sagte ich, da wir sieben sind, die diesen Preis bekommen, ist es wohl doch die Leistung.

Beim abschließenden Gruppenfoto ging ich auf Stoiber zu, reichte ihm die Hand, er gab seine zögerlich zurück und sagte schroff, das mit dem Alter hätten Sie sich sparen können, und wandte sich von mir ab. Der bayrische Ministerpräsident zeigte mir seine Mißachtung, indem er mich keines Blickes mehr würdigte. Nun, bei *dieser* Verleihung gab ich acht, wie verhält man sich, um sich des Wohlwollens des Ministerpräsidenten zu versichern. Und tatsächlich, die meisten meiner Kollegen begannen ihre Dankesworte mit »Sehr verehrter Herr Ministerpräsident« und »Sehr verehrte Frau Stoiber«. Gabi sah mich an und sagte: Siehste?

Hast ja recht, sagte ich zu Gabi, ich war eine Dankesniete, ein Versager schlimmsten Kalibers.

Sollen wir hingehen? fragte ich Gabi.

Mußt du entscheiden.

Na ja, habe ja einen ganzen Monat Zeit …

Erst am 15. traf ich ihn wieder, kurz vorm Santa Monica Pier, dort, wo die Schachspieler sich unversöhnliche Gefechte liefern, sah ich ihn. Er schlichtete einen Streit, einer der Spieler hatte wohl geschummelt, ich ging zu ihm, reichte ihm die Hand und sagte: Sie sollten Ihre Gefühle nicht zu ernst nehmen, lassen Sie uns weitermachen.

Ohne den Vorfall vor drei Tagen zu erwähnen, auf ihn auch nur mit einem Wort einzugehen, sagte mein Freund, sehr einfach und emotionslos: Haben Sie Ihr Aufnahmegerät mit?

Ja.

Gut, sagte er, lassen Sie uns da in den Schatten setzen. Er zeigte auf zwei abseits gelegene Bänke. Wo waren wir stehengeblieben?

Mister Walters gab Ihnen seine Visitenkarte …

Ich weiß, ich weiß, sagte er. Ich erzählte Vater …

Moment, ich muß erst mein Aufnahmegerät … Ich drückte den roten Knopf, bitte jetzt.

Ich erzählte Vater das mit der Uhr. Wie soll ich mich verhalten? fragte ich ihn.

Du sagst Mutter, wie es ist. Sie soll den Verkäufer anrufen, wenn sie es nicht glauben will.

Und sie wollte es nicht glauben, um keinen Preis.

Das kannst du mir doch nicht erzählen, brüllte sie.

Rufe doch an, brüllte ich zurück.

Wer weiß, was ihr euch ausgeheckt habt …

Du bist ungerecht, sagte Vater.

Ich ungerecht? Das sagst du?

Ja, sage ich, sagte Vater für seine Verhältnisse ziemlich energisch.

Du, der du mich belügst, machst mir Vorwürfe? Behauptest, ich sei ungerecht? Ja, bist du denn noch bei Troste?

Vater schwieg.

Und nun bringst du deinem Sohn bei, wie man lügt, wie man schummelt, wie man ein Verbrecher wird. Pfui Teufel!

Das war's, aber das war erst der Beginn.

Mutter traf sich mit den Damen ihres Quintetts, die sich die Gospelsingers nannten und die begannen, sich in Mutters Probleme hineinzufühlen, sie nahmen Anteil, bis Mutters Probleme auch die ihren waren. Alle vier waren eingefleischte Männerfeindinnen, alle hatten Scheidungen hinter sich, besonders Melanie Garner, die Pianistin der Gruppe, sie hatte sogar zwei Scheidungen hinter sich, und Mutter sprach über Vater und mich, bei mir ging's um die Uhr. Die hat er gestohlen und behauptet nun, er habe sie geschenkt bekommen, stellt euch das vor! Die Damen stellten es sich vor und schüttelten die Köpfe. Und bei Vater ging es um die Frage, die schon in jener Hochzeitsnacht eine Rolle spielte, hatte er über seine Herkunft gelogen, hatte er nicht gelogen? War er eine Waise, war er keine Waise aus New York?

Das Quintett war sich einig darüber, daß Mutter mit beiden Problemen in einem Dilemma stecke. Uneinig war man sich, wie mit den Problemen zu verfahren sei. Man sollte so vorgehen, man sollte so nicht vorgehen, in beiden Fällen aber sollte eine sofortige Entscheidung her. Darüber gab's wieder Einigkeit.

Scheidung?

Auch.

Drei waren gegen Scheidung, eine, nämlich Melanie Garner, dafür. Zunächst ging's um mich, die Uhr, aber sehr schnell um Vater, der sie hinten und vorne betrog und belog, so behauptete Mutter, einer, der so lügt, betrügt auch, dem kann ich nicht glauben, auch wenn er zehnmal behauptet, er sei ein Waisenkind aus New York. Was soll ich machen?

Melanie Garner, eine resolute Person, sagte, das mit dem Betrügen und Belügen müsse Mutter lösen, das mit dem Waisenkind werde sie lösen. Ein Waisenkind? Aus New York? Das kriege ich heraus. Man könnte ja auch zur Polizei gehen. Und das mit deinem Sohn, der Uhr, ist lächerlich. Kein Mensch auf der Welt belohnt Diebstahl mit Geschenken …

Mag sein, daß Melanie für Mutter *zu* resolut war, denn zur Polizei wollte Mutter nie gehen, nicht im Falle ihres Sohnes, nicht im Falle ihres Mannes, zur Polizei nein.

Sobald Ernest einen Polizisten sieht oder eine Sirene hört, durchzuckt es ihn, fängt er am ganzen Körper an zu zittern, sagte sie.

Wer zittert schon ohne Grund? erwiderte Melanie.

Er ist schließlich der Vater meines Sohnes. Du hast kein Gefühl.

Aber du.

Habe ich.

Ist ja gut, dann werde ich herauskriegen, ob dein Mann ein Waisenkind aus New York ist.

Das wirst du nicht tun.

Warum nicht?

Weil ich dir das verbiete.

In feindseligem Schweigen starrte jede in eine andere Richtung.

Lange Pause.

Man muß die Polizei verständigen, man kann doch so eine Geschichte nicht dem Zufall überlassen, sagte Melanie, die anderen anblickend.

Melanie war in ihrer Wahrheitssuche nicht mehr aufzuhalten.

Gut, sagte sie, lassen wir also die Polizei weg, aber innerhalb einer Woche werde ich wissen, ob dein Mann ein Waisenkind aus New York ist.

Dann stand sie auf und ging flott und selbstbewußt zur Tür, die sie zuschmiß.

Der Krach der Frauen, am Ende werden sie sich von Melanie trennen, sie werden sich auf Mutters Seite stellen und Melanie, das Biest, die Schöne, aus dem Quintett feuern. Die feurige Melanie wird gefeuert. Und das Quintett wird auf ein Quartett schrumpfen.

War die Streiterei, die ja nur kurz, aber von heftigen Gefühlen begleitet war, der beste Beweis dafür, daß Mutter Vater doch liebte? Daß sie unter keinen Umständen diejenige sein wollte, die, falls Vater die Wahrheit gesagt haben sollte, schuld am womöglichen Scheitern ihrer Ehe war? Nein, das wollte sie nicht.

Und was fand Melanie heraus? Sie fand heraus, daß es in keinem der Waisenhäuser New Yorks ein Kind mit dem Namen Ernest Abram gegeben hatte. Wie fand sie das heraus? Etwa doch über die Polizei? Etwa doch durch das FBI? Hatte sie sich mit Vater heimlich getroffen? Hatte sie ihm mitgeteilt, daß sie die Polizei doch verständigt habe, oder das FBI? Oder hatte sie ihm etwas ganz anderes mitgeteilt? Mit soviel Wut im Bauch. So wie das Quintett auf sie gepfiffen habe, könne er doch auf seine Frau pfeifen, er solle sich ihr anvertrauen, etwas Besseres als sie könne ihm gar nicht passieren. Sie seien wie geschaffen füreinander, sie mit dem Klavier und er mit der Gitarre, hatte sie ihm so etwas mitgeteilt? Ich könnte mir vorstellen, daß das Gespräch in diese Richtung lief, vorausgesetzt, sie hatte sich wirklich mit Vater heimlich getroffen.

Und wie mag sich Vater ihrer Angebote erwehrt haben? Gewiß, sie war die schönste von den fünfen, Mutter war auch schön, aber sie war schöner. Ihr Profil klassisch, ihre Figur, na ja, ich hätte meinen Vater schon verstanden, wenn er sich für sie interessiert hätte. Und Vater war ja nicht gerade ein

Unschuldslamm auf diesem Gebiet, schöne Frauen haben ihm immer schon gefallen, ich kenne seine Blicke auf stramme Hinterteile. Einmal lief er so einem Hinterteil hinterher, am Wilshire. Doch dann drehte sich die Dame um, und auch Vater drehte sich um. Das Gesicht entsprach nicht dem Hinterteil, ein mürrisches, unfreundliches Gesicht. Das Umdrehen beider fast gleichzeitig. Ich lief ja mit ihm, hatte alles mitgekriegt und fragte ihn: Der Hintern hat dir gefallen, das Gesicht nicht, stimmt's?

Stimmt, sagte er.

Mit der wolltest du, stimmt's?

Stimmt nicht.

Warum bist du ihr dann hinterhergelaufen?

Weil ich das Gesicht noch nicht gesehen hatte.

Und wenn du es gesehen hättest?

Wäre ich ihr nicht hinterhergelaufen.

Also ist das Gesicht wichtiger als der Hintern?

Beides ist wichtig.

Und ich sagte: Ein Gesicht ohne Hintern taugt nichts und ein Hintern ohne Gesicht auch nicht, stimmt's?

Stimmt.

Ich konnte mit Vater über alles reden, und er antwortete mir auch. Wie einem Erwachsenen. Über Melanie Garner sagte er sehr wenig, doch ich wollte alles wissen, deswegen fragte ich ihn: Hattest du was mit ihr?

Und Vater sagte nach einer langen Pause: Das

Davor mit ihr mag aufregend sein, das Danach sicher nicht. Mehr sagte er nicht …

So war Vater eben auch. Sein Verstand war imstande, seine Gefühle zu kontrollieren.

Und das kam heraus: Melanie, die Männerhasserin, mit ihren zwei Scheidungen, die nichts auf der Welt mehr verachtete als Männer, sie, ausgerechnet sie, verknallte sich in Vater. Seine Unfähigkeit, sich streiten zu können, seine zurückhaltende Art, sein gutes Aussehen und besonders natürlich sein Gitarrenspiel gefielen ihr dermaßen, daß sie allen Haß auf die Männer stante pede vergaß.

Mein Freund aus Venice hatte sich während der Erzählung einige Male umgeblickt, hatte er was entdeckt, hatte er nichts entdeckt, war Pearl da, war sie nicht da? Auch ich wußte nicht, ob sie mir, wie wir verabredet hatten, gefolgt war, egal, mein Freund hatte mir Wichtiges mitgeteilt.

Wie war die Reaktion Ihrer Mutter? fragte ich.

Als Vater am Abend nach Hause kam, fand er Mutter packend vor.

Was soll das? fragte er.

Ich verlasse das Haus, ich verlasse dich, sagte sie, ich kann nicht mehr, ich weiß, daß du nie in einem New Yorker Waisenhaus gewesen bist. Ich halte das alles nicht mehr aus.

Von wem weißt du das?

Von Melanie Garner.

Ich denke, du sprichst nicht mehr mit ihr.

Sie hat's mir in einem Brief mitgeteilt.

Vater nahm Mutter in die Arme, und sie ließ es sich gefallen.

Daß Vater mit Melanie ein Verhältnis haben könnte, dieser Gedanke kam Mutter nicht, der lag für sie zu weit weg. Dann gingen beide ins Nebenzimmer und blieben dort die ganze Nacht. Was hat Vater ihr alles berichtet, was hat er ihr gestanden? Zum ersten Mal erzählte er ihr wohl, wer er wirklich war, ein Ernst Winkler aus Deutschland, deutscher Kriegsgefangener in New Mexico, seit zwanzig Jahren auf der Flucht, aus Angst vor Gefängnissen, vor Zuchthäusern, vor der Polizei, vor dem FBI, alles, alles gestand er ihr, und Mutter hörte ihm zu, die ganze Nacht. Und sie glaubte ihm. Ein wichtiges Detail allerdings hatte er verschwiegen.

Mein Freund aus Venice stand auf und sagte, sich den Hut aufsetzend: Ich selbst habe das alles aufgeschrieben. Der einzige, der die Geschichte meines Vaters bis zum heutigen Tage kannte, ist mein Lektor, der sie mit einer Menge ermutigender Worte bedacht hat. Am Ende aber werden Sie verstehen, warum auch Ihr Beitrag für mich wichtig werden könnte.

Wo treffe ich Sie morgen? fragte ich.

Hier ist es doch gut, zwischen den Schachspielern, sagte er.

Vormittags.

Ja, auf Pearl war Verlaß. Sie hatte das Gespräch gefilmt, von der Brücke aus, mein Freund hatte uns einen Gefallen getan, das Gespräch zwischen die Schachspieler zu verlegen. Dean machte den Vorschlag, den größten Teil des Gespräches auf den Schachfiguren zu lassen, die Hände, die sie hin und her schoben, die Figuren, die verschwanden und wieder auftauchten, das sei eine gute Bebilderung der Erzählung, die diesmal ohne Unterbrechung vorgetragen wurde. Wir verabredeten uns für den nächsten Vormittag, und Dean rieb sich die Hände: Auf der Brücke stehen Kisten, wie für uns hingestellt, da kann ich wieder dabeisein ... Aber es sollte anders kommen.

Los Angeles, 16. Februar

Ich traf ihn in Venice, nicht bei den Schachspielern, sondern im Hutladen, den mit Hunderten Hüten in den Fenstern, mit Hüten an Türen und Wänden, auf Stühlen und Tischen, Titanic heißt er. Er sah mich, nickte mir zu und ließ sich bei seiner Hutsuche nicht stören. Nachdem er schon zwanzig aufprobiert hatte, wollte er noch andere sehen.

Was suchen Sie denn? fragte ich ihn.

Einen, der mir gefällt, die gefallen mir alle nicht.

Können Sie mir beschreiben, wie der Hut aussehen muß?

Kann ich nicht.

Welche Farbe soll er haben?

Farbe ist mir gleich.

Kann er rot sein?

Um Gottes willen.

Also ist Ihnen die Farbe nicht gleich.

Sie ist mir gleich, außer rot, wenn die Form stimmt.

Können Sie die Form beschreiben?

Die Krempe sollte vorne länger sein als hinten.

Sowas gibt es nicht.

Natürlich gibt es sowas. Ich hatte so einen Hut, der ist mir gestern weggeflogen, dieser blödsinnige Santa-Anna-Wind, eine Böe, und er war weg.

Die Krempe vorne länger?

Ja, wegen der Sonne …

Ich betrachtete ihn, ein eigenwilliger Huteinkäufer, er hatte sich wieder etwas verändert, nicht nur die Kleidung, was noch? Ich konnte nicht feststellen, was.

Tatsächlich fand er einen Hut nach seinen Vorstellungen und beschäftigte sich nun eingehend mit der Verarbeitung des Hutes.

Die Hutmacher von heute sind schlampig, sie haben nicht mehr gelernt, ordentlich zu arbeiten, sehen Sie sich mal diese Nähte an.

Er zeigte mir die Innenseite des Hutes: Sehen Sie? Die Nähte.

Sehe ich.

Nein, Sie schauen auf die Krempe, hier, diese Nähte, die die Krempe halten, er zurrte mit Zeigefinger und Daumen an den lockeren Fäden, die halten nicht. Eigentlich sollte man so einen Hut nicht kaufen, alles so gemacht, daß er nicht lange hält, und das zwölf Dollar, die müssen meschugge sein, einem sowas zu verkaufen.

Die? fragte ich.

Sie haben recht, ich bin meschugge, denen für diesen Mist zwölf Dollar in den Rachen zu stecken. Mein alter Hut, der mir gestern weggeflogen ist, der war Qualität. Die Nähte perfekt, obwohl drei Jahre alt. An dem war nichts auszusetzen, und gerade gestern mußte der mir wegfliegen, hinaus aufs Meer, auf Nimmerwiedersehen. Eigentlich hätten die Wellen ihn wieder an Land spülen müssen, aber nein, nichts, der Santa-Anna-Wind trieb ihn hinaus. Na ja ... Kommen Sie, sagte er, lassen sie uns zur Kinney Street gehen, einfach diesen Weg hoch, wir laufen nicht mehr als fünf Minuten, das Enterprise Fish Co., da lade ich Sie zum Lunch ein, ein erstklassiges Fischrestaurant.

Sie? Ich lade Sie ein.

Da sage ich nicht nein, sagte er, aber ich sagte Ihnen doch, daß ich mit Geld umgehen kann, habe genug, um Sie einzuladen, aber wenn Sie wollen? Bitte.

Sind Sie ein reicher Homeless?

Es gibt einige Homeless, die alles andere als homeless sind. Die haben Villen.

Warum schlafen Sie nicht in Ihrer Bude, die Sie aufgeräumt haben? fragte ich. Ich an Ihrer Stelle würde in der La Brea schlafen, im Bett.

Sie, aber nicht ich. Als der Regen war, drei Wochen am Stück, so was habe ich noch nie erlebt, da schlief ich im Bett. Wie? Miserabel. Ich gebe zu, am Anfang war es gar nicht vergnüglich, am Strand zu schlafen, ich hatte Angst, dachte, der Boden könnte sich unter mir auftun, das viele Gewimmel im Sand, unter mir, über mir, die Steine, oder das Meer würde mich holen, eine Welle und weg. Aber mit der Zeit verliert man die Angst, und Lust und Freude kommen, außerdem war mein Vater bei mir, der gab mir Sicherheit.

Was geschah nach der Nacht, fragte ich, als Ihr Vater Ihrer Mutter alles, außer einem wichtigen Detail, gestanden hatte, Sie sagten, sie hatte ihm diesmal geglaubt, hatte sie ihm auch verziehen?

Ich denke.

Und was war das wichtige Detail? Erzählen Sie.

Wenn wir im Fischrestaurant sind.

Dean und Pearl taten mir leid, sie hatten sich hinter den Kisten auf der Brücke eingerichtet, und nun waren wir auf dem Wege zum Fischrestaurant. Ihr Problem. Wie aber würden sie damit fertig?

Wir bestellten uns Heilbutt mit Kartoffelbrei.

Die Heilbutt-Saison ist zwar vorüber, der ist gefroren, aber auch gut ... der Kartoffelbrei schmeckt hier besonders, mit Käse gemischt, ein Genuß, sagte er und legte seinen neuen Hut mitten auf den Tisch.

Ich stellte mein Aufnahmegerät neben den Hut. Er fuhr sich mit der Hand übers Gesicht und begann: Ja, sie hatte ihm verziehen. Am Morgen nach dem Geständnis packte mein Vater wie jeden Morgen seine Sachen zusammen. Diesmal packte er länger, er packte alles zusammen, was er besaß. Mutter war dazugekommen und half ihm, die Sachen zu verstauen. Alles in den Rucksack. Gewöhnlich war er ziemlich leer, diesmal prallvoll.

Ich fragte: Was soll das? Willst du abhauen?

Und dann erklärten mir beide: Für eine kurze Zeit, ja.

Warum?

Dann hörte ich noch mal die Geschichte von Melanie Garner, die womöglich die Polizei verständigt habe, es sei richtiger, wenn Vater sich für einige Zeit verdrücken würde.

Wohin? fragte ich. Und was heißt verdrücken?

Verdrücken heißt, daß ich weg bin, spurlos verschwunden, aber an bestimmten Abenden werde ich herkommen, dann werde ich dir auch sagen können, wohin ich mich verdrückt habe.

Versprichst du mir das?

Das verspreche ich dir, sagte er. Er streichelte über meinen Kopf, nahm Mutter in die Arme und verschwand. Ich weinte, Mutter konnte mich nicht trösten, ich hatte in diesem Augenblick das Gefühl, meinen Vater verloren zu haben. Ein Gefühl, das ich immer wieder mal haben sollte.

Ja, sagte er und machte eine nachdenkliche Pause, mein Vater war mir alles …

Unser Essen kam, eine schwarzgekleidete junge Frau servierte unseren Heilbutt, wir begannen zu essen, sie brachte uns zwei Bier, fragte, ob wir zufrieden seien, wir bejahten und waren die nächsten zwanzig Minuten mit dem Essen beschäftigt. Plötzlich wußte ich es, ich sagte: Ich hab's.

Was haben Sie?

Die ganze Zeit habe ich überlegt, was sich bei Ihnen verändert hat, jetzt hab ich's rausgefunden, der Bart ist weg.

Ja, der Bart ist ab, sagte er und grinste. Sie sind ja ein großartiger Beobachter, allen andern ist das sofort aufgefallen, aber Sie brauchten über 'ne Stunde dafür: Und? Zufrieden mit mir?

Ja.

Sie haben 'ne ziemlich lange Leitung.

Habe ich wohl. Erzählen Sie weiter.

Am dritten Abend, fuhr er fort, kam Vater nach Hause und sagte mir, wo ich ihn finden könnte. Am Strand, aber nicht zwischen Temescal und Venice, mehr Richtung Norden.

Schon in der Nacht darauf machte ich mich auf den Weg. Bin am Strand entlang, suchte ihn, aber fand ihn nicht. Dann hörte ich ihn, aus einer ziemlich großen Entfernung. Immer zwischen den Wellen konnte ich seine Gitarre hören. Mein Herz schlug wie verrückt, ich rannte auf das Gitarrenspiel zu, da war es, das Lied, das »Rommel-Trommellied«.

Er legte die Gitarre aus der Hand, und wir umarmten uns.

Ich habe auf dich gewartet, sagte er.

Heute?

Ja.

Woher wußtest du, daß ich komme?

Ich wußte es, ich weiß nicht warum, aber ich wußte es.

Hast du Gitarre gespielt, damit ich dich höre?

Ja.

Dann umarmten wir uns noch einmal. Und ich erzählte ihm, was zu Hause passiert war: Auf dem Dach haben Männer getanzt. Haben furchtbaren Krach gemacht. Direkt über meinem Zimmer. Und dann haben zwei von oben ins Zimmer geblickt, haben wohl auf dem Dach gelegen und ins Zimmer geblickt. Den Kopf verkehrt rum. Mutter holte den Nachbarn, und der brüllte: Kommt da runter, oder ich hole die Polizei. Und die brüllten zurück: Wir sind die Polizei! Da waren drei Polizisten auf unserem Dach! Dann kamen sie runtergeklettert, auf einer Leiter, und standen in Uniform vor uns, und Mutter fragte sie, was sie auf dem Dach wollten? Und ob sie noch bei Verstande wären? Mutter war überhaupt nicht ängstlich, und die Polizisten antworteten, die Angelegenheit habe sich erledigt. Kannst du dir vorstellen, wie es ist, da blickt jemand in dein Zimmer, den Kopf verkehrt rum? Aber Mutter war ganz toll, hatte keine Angst, ich war richtig stolz auf sie. Als die weg waren, fragte ich, ob ich los kann, zu dir. Ja, ja, sagte sie nur, du kannst. Aber paß auf …

Wie ich schon erwähnte, in der ersten Nacht war es sehr unangenehm am Strand, aber ab der dritten Nacht gewöhnte ich mich daran, und dann begann ich die Nächte am Strand zu lieben. Zu genießen. Nirgends schlief ich so gut. Wenn es dunkel zu werden begann, wurde ich müde, um vier Uhr war ich ausgeschlafen. Dann fuhr mich mein Vater zur

Schule. Sein alter Chevy mußte schwer ran. Kurz nach vier stiegen wir ins Auto, vorher hatten wir uns im Meer gewaschen. Kalt, aber das härtet ab. Vater arbeitete in Malibu, gegen sechs war ich schon in der Schule, und er fuhr wieder raus. Jeden Morgen dasselbe, zur Schule rein, nach Malibu raus.

Mit ihren vier Damen, den Gospelsingers, besprach Mutter, was nach dem Vorfall auf dem Dach zu tun sei, und ob der Vorfall mit Melanie Garner in Verbindung stehen könnte? Dr. Miller, ein Rechtsanwalt, der die Scheidungen zweier Damen des Quintetts (nun Quartetts) zu deren Vorteil regeln konnte, ein verbindlicher Mann, wurde beauftragt, sich mit Vaters Fall zu beschäftigen. Und warum die Polizisten auf dem Dach waren.

Zunächst die Frage, ob der Fall Ernst Winkler nicht längst verjährt sei.

Dr. Miller sagte nichts, er blätterte in irgendwelchen Unterlagen. Ich werde nachforschen.

Ja, sagte er beim nächsten Treff, der Fall ist abgeschlossen. Anfang der fünfziger Jahre hat man einen Ernst Winkler, der aus dem Lager New Mexico geflohen ist, für tot erklärt. Interessant ist, sagte er, daß es noch so einen Fall gegeben hat. Ein Kriegsgefangener, der ebenfalls aus dem Lager geflohen war. Ein Maler, der Wellen gemalt hatte, immer nur Wellen. Ihr Mann war doch Maler?

Er hat aber keine Bilder gemalt.

Nie?

Nie.

Auch der behauptete, eine Waise aus New York gewesen zu sein. Sehr ähnliche Fälle. Beide behaupteten, die Eltern seien bei einem Unglück umgekommen. Duplizität der Ereignisse!

Wie hieß der andere? fragte Mutter.

Sein Name, sein Name … wieder blätterte Dr. Miller in seinen Unterlagen, finde ich jetzt nicht … aber wenn sie … wie heißt Ernst Winkler jetzt?

Ernest Abram.

Wer hat ihm den Namen gegeben?

Jemand in Mexiko, der Pässe und Urkunden, Geburtsnachweise ausstellt, sagte Mutter.

Sie meinen fälscht.

Ja.

Warum gerade Abram? Warum nicht Ernest Winkler?

Auf Vorschlag des Beamten in Mexiko, nehme ich an.

Wahrscheinlich, sagte Dr. Miller und lächelte, Abram liegt alphabetisch vor Adam. Mit Adam hat die Menschheitsgeschichte angefangen, und mit Abram liegt er noch vor der Menschheitsgeschichte.

Lachen.

Hat er seine Papiere noch?

Nein, sagte Mutter, ich selber habe sie vernichtet, als er wegen eines Verkehrsdeliktes festgenommen wurde.

Schade.

Was hätte ich tun sollen?

Eine Gegenfrage, was wollen Sie jetzt tun?

Ich möchte, daß er wieder der ist, der er ist, und nicht der, der er nicht ist. Ich habe einen Ernest Abram geheiratet, und ich möchte mit Ernst Winkler verheiratet sein, der er ist …

Ernst Winkler ist tot.

Was soll ich machen?

Sie müssen sich von Ernest Abram scheiden lassen, sagte Dr. Miller. Aber den gibt es nicht. Und den anderen können sie nicht heiraten, weil er tot ist. Sie glauben doch nicht daran, daß das FBI einen Toterklärten wieder lebendig macht?

Ich bin schuld, sagte meine Mutter.

Sie?

Weil ich seine Papiere vernichtet habe.

Das gefälschte Zeugs? Selbst wenn Sie die richtigen Papiere hätten, könnten Sie nicht beweisen, daß Ihr Mann auch wirklich der auf den Papieren ist. In zwanzig Jahren verändert man sich, und der auf dem Paßfoto kann jeder sein. Was ich vorschlage: Ihr Mann muß nach Deutschland, jemanden finden, der bestätigen kann, daß er Ernst Winkler ist …

Ich habe das Gespräch gekürzt, es zog sich über vier Wochen hin, es konnte absurder nicht sein, selbst bei allem Wohlwollen des Rechtsanwalts war dieser Fall ein aussichtsloser Fall.

Ernest Abram lebte, zwar mit gefälschten Papieren, und Ernst Winkler war tot. So war es, und so blieb es. Punkt! Und Vater bezahlte. Er mußte tief in die Tasche greifen, um sich seine Nichtexistenz anwaltlich bestätigen zu lassen.

Aber, sagte Dr. Miller, ich habe auch eine gute Nachricht. Sie wollten wissen, was die Polizisten auf ihrem Dach wollten? Die versuchten zwei Katzen einzufangen, die ausgerissen waren. Ein hysterischer Katzenbesitzer flehte die Polizisten an, er hätte sieben Katzen, und die beiden seien seine liebsten, holt sie zurück, dort auf dem Dach sind sie. Da sind die Polizisten aufs Dach, und da sie glaubten, die Katzen seien in die Wohnung rein, haben sie sich lang aufs Dach gelegt und ins Fenster geblickt, und da haben die beiden einen Schreck gekriegt, weil Ihr Sohn kerzengerade im Bett stand und so aussah, als fiele er jeden Augenblick tot um. Und die Katzen? Eine sprang nach links, die andere nach rechts. Sind über die Dächer weg …

Bitte sagen Sie mir noch, fragte ich meinen Freund aus Venice, was für ein wichtiges Detail hatte Ihr Vater verschwiegen?

Mein Freund nahm den neuen Hut vom Tisch, setzte ihn auf und sagte: Bis morgen.

Wo?

Bei den Schachspielern.

Dean und Pearl waren auf dem Parkplatz, beide lachten aus vollem Halse, als ich kam. Was gibt's zu lachen? fragte ich. Ich dachte vielmehr, ihr würdet weinen, weil ihr nicht habt filmen können.

Doch, wir haben, sagten sie, rate mal, wie?

Keine Ahnung.

Wir haben dem Koch einen Zwanziger gegeben,

der ist ein leidenschaftlicher Filmer, und der hat aus der Küche durch die Glastür alles mitgefilmt, gekocht und gefilmt, wir sind gespannt, wie es geworden ist. Wo wird es morgen sein?

Bei den Schachspielern. Wenn es da sein wird. Ich nehme an, er hat heute den Platz absichtlich geändert, um euch fernzuhalten. Wir werden ja morgen sehen …

Los Angeles, 18. Februar

Unsere Wagen stellten wir diesmal auf dem Santa Monica Beach Parkplatz ab. Dean und Pearl hatten sich auf der Brücke schon seit acht Uhr eingerichtet. Man wußte nie, wann er kommen würde, und wenn, wirklich bei den Schachspielern? Dean hatte vor, sich eventuell im Lifeguard Headquarter eine günstige Position auszusuchen, das lag genau gegenüber den Schachspielern. Ich machte mich gegen zehn Uhr auf den Weg. Er saß wohl schon einige Zeit im »Big Dean's Muscel Inn Café« und korrigierte in seinem dicken Buch, schlürfte einen Kaffee und war offensichtlich mit dem Geschriebenen zufrieden, denn hin und wieder lächelte er, ein zufriedenes Lächeln, blickte vom Buch auf, sah mich, schlug sein dickes Buch zu und stand auf.

Kommen Sie, sagte er, wir fahren woanders hin.

Wohin?

Sie wollten doch meine Bude in der La Brea besichtigen.

Gerne, log ich, denn Dean und Pearl waren startbereit, und ich wollte keineswegs dorthin. Wir gingen zum Parkplatz.

Ich werde in meinem Auto fahren, sagte ich, dann müssen Sie mich nicht zurückbringen.

Wie Sie wollen.

Ich trödelte, Dean und Pearl sollten Zeit haben, ihre eingerichteten Positionen zu verlassen.

Einen Moment, rief ich ihm zu, ich habe meine Sonnenbrille liegengelassen. Ich lief zum »Big Dean's Muscel Inn Café« und kam mit der Sonnenbrille zurück, die ich aus der Tasche geholt und nun aufgesetzt hatte. Zeit gewinnen. Ich wußte, Dean konnte unglaublich schnell sein. Los ging's auf dem Santa Monica Freeway. Vor dem San Diego Freeway der übliche Stau, der sich, kaum waren wir an ihm vorüber, schnell auflöste. Die La Cienega runter, Richtung North, bis zur Melrose, dann zur La Brea. Diesmal war er schnell, ich hatte Mühe, den Anschluß nicht zu verpassen. Aber meine Gedanken waren schneller als sein Auto. Also *das* ist seine Strategie, immer woanders, damit er den Filmern keine Chance läßt. Warum will er, daß ich über ihn schreibe? Ruhm spielt bei ihm keine Rolle, da bin ich mir sicher. Warum also? Dean und Pearl? Konnten sie folgen? Ich sah sie nicht. Wie auch immer, wir haben so viel Material, wir brauchen und sollten die Gespräche ohnehin nicht eins zu eins drehen, diese Kopf-Kopf-Einstellungen sind äußerst langweilig, also ...

In der La Brea ging's Richtung Süd. Wir bogen

nach links in eine kleine Querstraße ein, vor einem einstöckigen Haus hielt er. Das also ist seine Bude, dachte ich, bin gespannt auf den Rattan-Tisch, die gelben Stühle, die Einrichtung, ob sie so ist, wie er sie beschrieben hat. Das Haus von außen, ähnlich sandfarben wie Jeff Coopers Haus in Santa Barbara.

War ich Ihnen zu schnell? fragte er.

Ja, aber ich konnte folgen, was Sie ja sehen.

Innen war es gänzlich anders, als ich erwartete. Es gab zwar die Möbel, die er beschrieben hatte, aber es war großzügiger, wohnlicher als erwartet. Vor allem gab es ein Klavier, das er nicht erwähnt hatte, eine große Stereoanlage, Fernseher, Computer. Der Schreibtisch allerdings vollgemüllt mit Zetteln, Büchern, Zeitungen, ein Platz des Schreibens und Denkens, im besten Sinne des Wortes. An der Wand und auf dem Klavier Fotos, die ich betrachtete.

Wollen Sie einen Kaffee?

Gerne, antwortete ich und sah auf den Fotos seine Töchter, seine Frau, seine Mutter, so wie ich sie in unseren Filmmustern kennengelernt hatte. Und seinen Vater, in vielen Situationen, beim Gitarrenspiel, am Strand, beim Volleyballspiel und immer wieder Aufnahmen mit der Gitarre.

Ja, sagte er, als er mit dem Kaffee erschien, auf den Fotos sehen Sie …

Einen Augenblick, sagte ich, mein Aufnahmegerät. Ich drückte den roten Knopf. Bitte.

Sehen Sie meine Familie und meinen Vater, mein großes Vorbild. Ich hoffte lange Zeit, bis zum zwanzigsten Lebensjahr, ich könnte ein berühmter Gitarrist werden, so gut wie er, die Einsicht, daß ich nicht so gut wie er würde, daß mein Talent begrenzt ist, kam sehr langsam. Aber als sie dann kam, entschloß ich mich, klug mit dem Geld umzugehen, was er mir beibrachte, so konnte ich ihm wenigstens in einem Punkte folgen. Und nachdem ich die Bank of America verließ, suchte ich nach einem Inhalt in meinem Leben. Erstens: Familie, ja. Zweitens: den armen Kreaturen, die ich am Strand kennenlernte, mit Rat und Tat zur Seite zu stehen. Daß Frau, Kinder und Mutter glauben, ich sei nach wie vor in der Bank tätig, ist eine geringe Lüge, zum Vorteil aller. Sie fühlen sich bei dem Gedanken wohler. Und sie sollen sich wohler fühlen, da ich ansonsten ihre Wünsche finanziell erfüllen kann. Mutter hat selber genug, sie tourt mit ihren vier Damen um die Welt, hat Erfolg und würde sich auch mit dem Gedanken abfinden können, daß ich für die Armen hier unterwegs bin. Sie müssen nicht denken, ich sei ein selbstloser Dummkopf, im Gegenteil, indem ich für die anderen da bin, bin ich für mich da. Ein durchaus egoistischer Vorgang.

Ich möchte Ihnen Vaters »Rommel-Trommellied« in seinen verschiedenen Variationen vorspielen, sagte er.

Wir hörten beinahe eine Stunde das »Rommel-Trommellied«, es wurde, wie häufig bei guter Musik, nicht langweiliger, sondern immer interessanter. Hören Sie auf den Rhythmus, so hatte er es komponiert, noch als Soldat, ein Marsch, er betont niemals die Eins, immer die Zwei! Hören Sie? Und in dieser Aufnahme macht er einen Bossa Nova daraus. Hören Sie? Er betont fast jeden Takt anders. Und hier Free Jazz. Ist nicht gerade diese Aufnahme grandios? Der Text kommt nur gelegentlich vor, dennoch gibt er dem Lied seinen Sinn. Hören Sie?

Ich hörte, und dann schwieg er, gab keine musikalischen Hilfestellungen mehr. Ein Genuß. Auch ich wurde bei diesem Lied nachdenklich, warum? Es war der musikalische Reichtum, die unglaubliche rhythmische Vielfalt, die technische Brillanz, der Wechsel von Dur und Moll.

Später sagte er: Ich lese gerade mein Buch, habe es ausgedruckt, nehme einige Kürzungen vor …

Warum?

Weil es Längen hat.

Auf Wunsch des Verlegers?

Auf meinen Wunsch. Dieser Verleger ist dabei, mein glückliches Leben in Freiheit zu ruinieren. Denn er zerrt mich vom Strand weg, hinein und zurück in den langweiligen Menschheitszirkus, ich werde mich womöglich wieder um Bedeutung bemühen wie alle anderen, etwas was ich nicht vorhatte. Ich lege mir selber wieder Fesseln an, ich muß wohl wahnsinnig geworden sein. Außerdem schlägt er mir idiotische Titel vor, zum Beispiel »Bericht eines Homeless«, »Leben am Strand«, »Leben im Nichts«, alles Blödsinn.

Wie möchten Sie?

»Jazz«!

Hat es mit Jazz zu tun?

Das Buch ist Jazz. Ich improvisiere, wechsle Themen und Thesen, halte mich an keine Regeln. Vater, Venice, Freiheit. Ganz Venice ist Jazz. Ich verstehe von Bildern zu wenig, aber auch Ihre Bilder könnten Jazz sein …

Guter Titel.

Machen Sie sich noch immer Notizen?

Ja.

Wenn aus Ihren Notizen ein Buch wird, können Sie den Titel haben.

Und Sie?

Habe tausend andere. Zum Beispiel »Der Schrei«.

Warum ist es Ihnen wichtig, daß ich über Sie schreibe?

Darauf werden Sie noch selber kommen …

Pause.

Darf ich einige Fragen stellen?

Bitte.

Was war das für ein wichtiges Detail, das Ihr Vater verschwieg?

Mein Freund aus Venice sah vor sich nieder und schwieg. Er hatte sich an den Schreibtisch gesetzt, den Rücken zum Fenster, und holte sich umständlich eine Zigarettenschachtel aus der Hosentasche, schnipste mit dem Mittelfinger auf den Boden der Schachtel, einige Zigaretten sprangen hervor, er nahm sich eine, warf sie hoch, sie drehte sich und flog ihm in den leicht geöffneten Mund. Während er sie anzündete, blickte er mich an, lächelte und sagte, als habe er meine Frage überhört, ich werde Ihnen von der Gitarre erzählen, die mein Vater gestohlen hatte.

Einverstanden, sagte ich.

Jeder Richter mit Herz hätte ihn freigesprochen. Ich muß etwas ausholen. Als mein Vater aus dem Lager floh, dachte er, es sei das Gescheiteste, sich in irgendeinem kleinen Nest Arbeit zu suchen, man würde seine ausgedachte Geschichte, falls er nach seiner Vergangenheit gefragt würde, schon glauben. Denn er würde gut arbeiten, und wenn man gut arbeitet, fragt keiner nach der Vergangenheit. Er hatte, wie gesagt, das Malerhandwerk erlernt, war ordentlich und zuverlässig, er hätte eine Zukunft vor sich haben können, ohne die ständige Angst, von der Polizei entdeckt zu werden. Sein Steckbrief hing ja noch da und dort, zerfleddert zwar, aber er hing.

Aus dem ersten Nest mußte er sofort fliehen, weil der Dorf-Sheriff nichts anderes tat, als unentwegt mit einem alten Motorrad die Hauptstraße rauf- und runterzufahren, als müßte er alles Unheil abfangen. Mein Vater wurde verrückt. Er versteckte sich hinter Büschen, Mauern, Seitengassen. Von da an versetzte ihn jedes Motorrad in panische Angst. Raus hier, sagte er sich, so schnell wie möglich. Er versuchte es noch in zwei anderen kleinen Ortschaften, aber es erging ihm nirgends besser, im Gegenteil, im letzten Kaff passierte folgendes: Als er ein Motorrad hörte, verdrückte er sich auf einen Hinterhof, dort sah er, wie ein brutaler Kerl einen Hund mit einem Ziegelstein erschlug, weil er ein Mädchen ins Gesicht gebissen hatte. Obwohl er ihn hätte erschießen können, das geladene Gewehr stand in der Eingangstür, erschlug er ihn. Ein schreckliches Geräusch – Jaulen und dumpfe Schläge. Mein Vater ging dazwischen, er wollte den Hund retten, schlug brutal auf den brutalen Kerl ein, mein Vater war stark, aber es war schon zu spät, der Hund war tot. Der Zorn meines Vaters war unermeßlich, er schlug den Mann zu Boden. Der Mann brüllte, schrie, sprang auf, ging auf meinen Vater los, mit demselben Stein, mit dem er den Hund erschlagen hatte, wollte er nun meinen Vater erschlagen. Mein Vater drehte sich zur Seite, der Stein fiel zu Boden, ein kurzer Wirrwarr, der Mann griff erneut zum Stein, mein Vater bückte sich, der Stein flog über ihn hinweg. Diesen Moment der Verblüffung nutzte mein Vater und schlug dem Kerl seine Faust in den Magen, so hart er konnte, der jaulte, wie der Hund gejault hatte, und krümmte sich. Mein Vater floh, weg von hier, so schnell wie möglich. Die Leute öffneten wegen des Gebrülls Türen und Fenster, was ist hier los, ein Verbrecher, ein Mörder, jagt ihn, fangt ihn, sie waren derart aufgeschreckt, daß auch sie mit Steinen schmissen, alle schmissen mit Steinen, ein Kaff von Steineschmeißern …

Ruhe fand er erst in New York. Und wie fand er sie? Er brauchte doch Geld, er mußte essen, wie, ja wie? Die Frauen halfen ihm. Er sah gut aus, und die Frauen waren wie verrückt hinter ihm her. Wenn er ihnen schwere Sachen aus der Hand nahm, beim

Einkaufen zum Beispiel, lassen Sie mich mal, ist doch viel zu schwer für Sie, dankten es ihm die Frauen. Gaben Geld oder luden ihn ein, und wenn sie dann noch von seinem Schicksal erfuhren, eine Waise in New York, oje oje, waren sie in ihrer Sorge und Liebe nicht mehr zu stoppen. War er aus dem kleinen Nest vor den Steineschmeißern geflohen, mußte er in New York etliche Male vor den Frauen flüchten. Aber eine hatte es ihm angetan. Er hatte sie am Broadway aufgegabelt, eine Schwarze, sie trug zwei Koffer und eine Gitarre.

Darf ich? fragte er.

Danke, sehr nett von Ihnen, aber ich nehme mir eine Taxe.

Lassen Sie die Taxe, ich trage Ihnen die Sachen, wohin?

Zur dritten Straße. Ist doch viel zu weit.

Das ist nicht zu weit.

Und dann schleppte er ihr die Koffer und die Gitarre bis zur dritten Straße. Er schwitzte ganz schön, sie fragte, wie sie es ihm danken könne, und er sagte, ich würde gerne mal auf Ihrer Gitarre spielen.

Können Sie spielen?

Ich hoffe, wenn ich es nicht verlernt habe.

Sie lud ihn in ihr Apartment ein und machte Kaffee. Während sie in der Küche war, betrachtete er die Gitarre, er drehte und wendete sie, klopfte auf den Unterboden, die Saiten summten. Er hob die Gitarre in die Höhe, legte sein Ohr an den Unterboden, lauschte dem Summen, herrlicher Klang, was für eine Gitarre. Lange keine mehr in der Hand gehabt, erst jetzt wurde ihm klar, wie sehr er sie vermißt hatte, er stellte das linke Bein etwas höher, drückte den Oberschenkel in die Ausbuchtung des Gitarrenkörpers, beugte sich über sie und begann zu spielen. Zögerlich erst, seine Finger mußten sich nach so langer Zeit auf den Saiten zurechtfinden, aber sie fanden sich zurecht, so schnell, so sicher, als hätte er täglich gespielt. Er war selbst überrascht. Sie stand in der Tür, Kaffee und Kuchen auf einem Tablett, und war sprachlos. Erst als Vater endete, stellte sie das Tablett auf den Tisch. Sie setzte sich, goß den Kaffee ein und blickte Vater an.

Nach einer langen Pause sagte sie: Ich bin Gitarrenlehrerin, aber so wie Sie kann ich nicht spielen, Sie sind … Sie sind … es war schwer für sie, die richtigen Worte zu finden.

Was für ein Instrument haben Sie denn? fragte sie.

Gar keins, sagte Vater.

Sie haben keine Gitarre?

Pause.

Ich besorge Ihnen eine. Ich kenne ein Musikgeschäft am Broadway, der Besitzer ist ein Freund von mir, der hat eine große Auswahl guter Instrumente.

Vater spielte dem Besitzer vor, auf einer Gitarre aus Deutschland, aus Markneukirchen, und der Besitzer blieb stumm, wie es die Gitarrenlehrerin gewesen war.

Auch hier entstand eine lange Pause, bevor der

Besitzer fragte, ob Vater nicht in seinem Geschäft spielen wolle, denn im Moment stünden Gitarren hoch im Kurs, sein Spiel könne das Geschäft noch attraktiver machen, er könne auch bei ihm wohnen, neben dem Geschäft gäbe es ein Gästezimmer mit Bad, und er möge doch ja sagen. Und Vater sagte, nach einem gespielten Zögern, ja!

Die New Yorker Zeit war die schönste für Vater. Er übte täglich, manchmal vier bis fünf Stunden, dazwischen spielte er den Kunden vor, das Gitarrengeschäft boomte wie selten zuvor, und nie, nie wurde Vater auf seine Vergangenheit angesprochen.

Die Gitarrenlehrerin kam Vater häufig im Geschäft besuchen, und immer häufiger lud sie ihn in ihr Apartment ein. Es hatte sich zwischen beiden etwas entwickelt, über das Gitarrenspiel hinaus, was beide überraschte, so gewaltig war es: Von der Bewunderung über das Spiel zu Zuneigung, von Zuneigung zu Liebe. Zur großen Liebe. Wie lange kann das Glück dauern?

Eines Tages saßen vor dem Musikgeschäft zwei Penner auf ihren mitgebrachten Kisten, tranken Rotwein und unterhielten sich. Es war ein schöner Tag, die Sonne schien, und Vater setzte sich vor dem Geschäft auf einen Stuhl, nahm die Gitarre, stimmte sie, wollte zu spielen beginnen, als die beiden Penner ihn anblickten, zu flüstern begannen, und Vater sah, daß der eine, seiner tiefroten, sorgenzerfurchten Stirn zum Trotz, offensichtlich ein junger Mann war, nicht viel älter als er …

He, sagte der eine auf deutsch, dich kenne ich, ich weiß, wer du bist, erinnerst du dich noch an Rommel-Trommel? Da hast du auch Gitarre gespielt. In Afrika, unter Rommel …

Vater tat, als verstünde er nicht.

Aber ja, du bist es, ich erkenne dich …

Vater schüttelte den Kopf, er gab zu verstehen, daß er kein Deutsch verstünde …

Du verstehst, ich bin mir sicher, du verstehst uns sehr gut, sagte der eine mit schwäbischem Akzent.

Nix, nix …

Hör auf mit nix, nix.

Vater hob die Schultern und ließ sie wieder fallen …

Brauchst nicht so zu tun, als verstehst du uns nicht.

Pause.

Du wirst schon mit uns sprechen, sagte der Schwabe, wir kommen wieder.

Die beiden schoben die Rotweinflaschen in die Taschen, nahmen ihre Kisten und verschwanden langsam, sehr langsam, sich einige Male nach Vater umblickend.

Vater war so erschrocken, daß er gar nicht bemerkte, was er tat. Er verschloß den Gitarrenkasten sorgfältig, aber die Gitarre stand noch angelehnt an seinem Stuhl. Er öffnete den Kasten genau so sorgfältig, wie er ihn eben geschlossen hatte, legte die Gitarre hinein und verschloß den Kasten nicht. Die teure Gitarre wäre beinahe aus dem Kasten gefallen, im letzten Augenblick bemerkte er, daß der Deckel sich öffnen könnte. Seine Gedanken hatten sich in den endlosen Gängen seines Verstandes verirrt, was sollte er tun, im Augenblick seines größten Glücks die Katastrophe, jetzt würde es geschehen, er würde lebenslänglich in irgendwelchen Zellen verschwinden. Weg muß er. Ohne sich zu verabschieden, weg, weg, weg von der großen Liebe, weg aus New York. Aber die Gitarre? Zurückgeben? Niemals. Ohne sich noch einmal umzublicken, ging er den Broadway hinab, den Gitarrenkasten über die Schulter gehängt, so zog er von dannen.

Pause.

Lange Pause.

Mein Freund stand auf und ging einige Schritte auf und ab. Ich sah seinem Rücken an, daß er beim Nachdenken über den Vater gerührt war, daß er einige Zeit brauchen würde, um sich wieder im Griff zu haben. Aber er brauchte nicht einige Zeit, er war auch nicht gerührt, wie ich fälschlich angenommen hatte, im Gegenteil, er war eher zornig, sein Gesicht war gerötet, nicht von Trauer, sondern von Zorn. So setzte er sich, schüttelte den Kopf und fragte mich: Na, was sagen Sie zu Vaters Abgang aus New York? Zu seinem Diebstahl?

Was soll ich sagen, die Furcht war größer als die Liebe …

Richtig, die Furcht hat den ganzen Menschen, die Liebe nur das Herz. Aber ich hätte viele Fragen an

Vater, die er mir beantworten müßte, viele viele Fragen. Er war einer, der mir alles erzählte, keine meiner Fragen blieb unbeantwortet, aber was ihn wirklich beschäftigte und bewegte, davon erfuhr ich nichts …

Pause.

Warum ist er so stante pede aus New York abgehauen? Warum hat er sich nicht bei seiner angeblichen großen Liebe für ein paar Tage versteckt, wenn er die beiden Penner, die offensichtlich wie er geflohene deutsche Kriegsgefangene waren, so fürchtete? Er selbst sagte doch, es verstecke sich nirgends besser als in New York? War seine große Liebe gar nicht seine große Liebe? War sie verheiratet? Mein Vater sagte mir immer wieder, paß auf, mein Junge, nichts kommt so gewiß wie der Zufall, die Kraft des Zufalls ist gewaltig, du kannst auf ihn warten. Warum wartete er nicht auf den nächsten Zufall? Wissen Sie, seit ich mich mit Vater beschäftige, haben sich die Fragen zu einem Gebirge aufgetürmt. In New Mexico war er gefangen, und plötzlich ist er nach einigen kleineren Ortschaften in New York? Sehen Sie sich mal die Karte von Amerika an, wo New Mexico liegt und wo New York! Er, der die Sonne liebte, taucht im kalten New York auf, wieso nicht in Santa Fe oder Las Vegas, beide Städte liegen um die Ecke. Oder warum nicht gleich in Los Angeles oder San Diego oder San Francisco. Aber so war wohl sein Leben. Ein Meister des Verschwindens!

Lange Pause.

Ich sagte Ihnen schon, daß ich gut Gitarre spiele, besser als die meisten hier in Venice, aber gegen Vater bin und bleibe ich ein Stümper. Fast alle seine Stücke spiele ich auch, aber sie strengen mich an, da die meisten technisch sehr kompliziert sind, ich komme gerade mal mit Ach und Krach über die schwierigen Stellen, aber Vater? Es klang bei ihm so leicht, je komplizierter ein Werk, desto leichter klang es, als wäre das Schwere das Leichte und das Leichte das Schwere. Sie haben es ja selbst eben gehört.

Einmal spielte ich Vaters Stücke auf der Third Street, es muß Ende der siebziger Jahre gewesen sein, und Melanie Garner hörte zu, ohne mich erkannt zu haben. Ich erkannte sie sofort, sie war immer noch eine schöne Frau. Mich dagegen erkannte niemand in Venice oder auf der Third Street. Warum? Erstens weil mich niemand da vermutete. Man glaubte ja, ich sei ein erfolgreicher junger Mann, keiner hätte vermutet, ich sei ein Homeless und spielte Gitarre auf der Straße. Und zweitens, man sieht einem Obdachlosen nicht ins Gesicht. Beobachten Sie mal, wie die Leute an ihnen vorbeischauen, als könnten sie sich durch Blicke anstecken, Krankheiten holen.

Aber Melanie blickte mich an, hörte mir zu, war begeistert, fragte mich nach den Stücken, sie gefielen ihr sehr und sie kenne sie gut, ob ich nicht eine CD von den Werken hätte? Nein, habe ich nicht, sagte ich, aber wenn sie wolle, käme ich zu ihr und spielte sie ihr vor, sie brauche nur zu sagen, wann und wo. Das Angebot von mir war aufdringlich, ich weiß, aber mich interessierte ihre Reaktion.

Sie zögerte nur etwas, dann sagte sie: Von mir aus, warum nicht, wann paßt es Ihnen?

Jederzeit, sagte ich. Ich war neugierig auf das Biest, das sich in Vater verknallte und das so rücksichtslos auf alles pfiff, was bisher ihren guten Ruf ausgemacht hatte.

Sie zählte die Tage an ihren Fingern ab und sagte: Heute ist Freitag, können Sie am kommenden Montag? Nachmittags vier Uhr? Können Sie?

Ich kann, sagte ich. Ihre Adresse?

Sie schrieb sie mir auf ein Stückchen Papier, das sie aus einem Taschenkalender riß, den sie umständlich aus ihrer Handtasche geholt hatte. Also bis Montag.

Bis Montag, antwortete ich.

Pause.

Entschuldigen Sie, daß ich unterbreche, aber ich muß weg, ich muß leider, habe um 14 Uhr eine wichtige Verabredung, beim Erzählen vergesse ich meistens die Zeit. Wie spät ist es überhaupt? fragte Frank und stand auf.

14 Uhr, sagte ich.

Muß mich beeilen, muß einen armen Schlucker im Krankenhaus unterbringen.

Wo und wann kann ich Sie wiedersehen? fragte ich.

Im »Waterfront Café«.

Wo ist denn das?

Neben dem Jewish Family Service.

Das farbige Gebäude?

Ja. CHAGALL RETURNS TO VENICE steht da in großen Lettern an der Wand.

Und wann?

Den ganzen Tag.

Ich bedankte mich bei ihm für das Gespräch und die Musik. Bevor wir sein Haus verließen, sah ich mich noch einmal um, wo mag sein Bett gestanden haben, als er sieben war? Vor der zwei Zentimeter dicken Wand, die sein Vater eingebaut hatte, die jetzt aus feinem Holz bestand?

Stand Ihr Bett hier? fragte ich.

Sie haben recht, da, sagte er (er zeigte es), ich wurde verrückt, wenn ich das Liebesgestöhn hörte. Das erste Mal schlug ich gegen die Wand, war nervös, dachte, meine Eltern bringen sich gegenseitig um, dann gewöhnte ich mich daran und zog mir die Bettdecke über die Ohren.

Er verschloß die Tür, er stieg in sein Auto, ich in meins, wir winkten uns zu und fuhren los, beide in entgegengesetzte Richtungen. Er, um einem armen Schlucker wieder auf die Beine zu helfen, ich auf der Suche nach Dean und Pearl.

Er war kein General, er war der Held von Venice. Die Homeless bewunderten ihn, man sah es ihren Blicken an, wenn sie mit ihm sprachen. In seiner Gegenwart wurde nicht krakeelt, nicht getrunken.

Einmal sagte er mir, daß er sie nächstens am Strand versammeln und mit ihnen einen Plan aushecken wolle, um sich der Weltöffentlichkeit vorzustellen. Wir, die Homeless aus der Supernation der Welt, stellen uns vor. Und wie sollte das sein? Bei der Oscar-Verleihung sollten sie zu Tausenden ins Palais einmarschieren; den Stars die Trophäen aus den Händen nehmen. Und sich feiern lassen. Gesehen von einem erschreckten Milliardenpublikum im Fernsehen. Das könnte hilfreich sein!

Ich erinnerte mich daran, was er mir zu Beginn unserer Bekanntschaft zu lesen gegeben hatte. Hauptsächlich Briefe, die er für die Homeless geschrieben hatte. Fünf wegen Diebstahls von Einkaufswagen, fünf wegen Trunkenheit, zwei wegen Fahrraddiebstahls und einer wegen Einberufung zweier Homeless in den Krieg. »Sehr geehrter Herr Präsident«, schrieb er im letzten Brief, »anstatt elendig in der Gosse zu krepieren, bieten Sie meinen Kollegen Homeless einen ehrenhaften Tod in einem ehrenhaften Krieg an, mit Aussicht auf großen Reichtum in der Ewigkeit. Meine Kollegen sagen zum Reichtum in der Ewigkeit dankend ja. Zum Krieg sagen sie nein. Sollen die Reichen ihren Reichtum in einem ehrenhaften Krieg selbst verteidigen, meine Kollegen müssen den Inhalt ihrer zwei Plastiktüten häufig genug ebenfalls selbst verteidigen, das sei ehrenhafter Krieg genug. Außerdem fragen sie Sie, wie es kommt, daß unser amerikanisches Öl unter den irakischen Sand gekommen ist.«

Diesmal mußten wir passen, sagte Dean, als wir uns auf dem Santa Monica Beach Parkplatz trafen, unmöglich, euch zu folgen. Wir waren bei ihm, ich werde euch sein Haus zeigen, sagte ich, dann könnt ihr einige Schnittbilder machen. Ich habe wunderbare Musik aufgenommen und ein wichtiges Gespräch.

Los Angeles, 19. Februar

Ich traf ihn im »Waterfront Café« und fragte ihn: Wo geht's heute hin?

Wir bleiben hier, habe nur wenig Zeit, deswegen …

Sie sind immer für Überraschungen gut, sagte ich, ich dachte, es sei jetzt so, daß wir uns an einem Punkt verabreden, um zum nächsten aufzubrechen.

Ja, um Ihren Kameraleuten auszuweichen, heute nicht …

Es fiel mir schwer zu glauben, daß dieser Mann derselbe war, den ich vor Monaten oben in der Lachman angesprochen hatte. Schwarzer Anzug, weißes Hemd, elegante dunkelblaue Krawatte, mit farblich abgestimmten, kaum erkennbaren Streifen, silberne Manschettenknöpfe, zwei Armbanduhren am linken Handgelenk.

Was ist mit Ihnen geschehen? fragte ich.

Wie ich Ihnen schon sagte, habe mich wieder ins Gefängnis begeben, in die Unfreiheit, zurück zum Ameisenleben der Menschheit.

Ich staune.

Wahrscheinlich werde ich … ach, setzen Sie sich

doch … Seit Wochen habe ich mich auf diesen Schritt vorbereitet, sagte er, ich lasse meine Freiheiten stehen und liegen, habe meine früheren Angewohnheiten wieder aufgenommen. Die ungespülten Teller, die meine Küche beherrschten, gibt es nicht mehr, das Essen aus Büchsen, besonders der Thunfisch, schmeckt mir nicht, ich koche wieder, Fisch und immer wieder Fisch, der Staubsauger hat täglich zu tun, ich bin so langweilig geworden, wie ich es vor meiner Zeit am Strand war, pünktlich, je nach Anlaß gekleidet, und bin erschreckt, wenn jemand mich nicht so intelligent findet, wie er mich finden müßte. Ich verstecke alle Peinlichkeiten zu Hause und schlafe miserabel. Im Bett.

Ich hatte gestern nicht den Eindruck, sagte ich, daß bei Ihnen Chaos herrschte.

Sie hätten meine Bude vor einer Woche sehen sollen. Habe auch meinen Schreibtisch aufgeräumt, heute morgen, und bin Ihrem Vorschlag gefolgt, schlafe wieder im Bett, versuche es wenigstens. Gestern bin ich endlich eingeschlafen und wachte sofort wieder auf. Ich lag auf der äußersten Kante der Matratze und bemühte mich, nicht in die Mitte zu rutschen, im Halbschlaf glaubte ich abzustürzen und auf jemanden zu fallen. Und morgens immer eine verstopfte Nase, habe ich am Strand nie gehabt. Träumte auch von meinem Vater. Auf einer großen Bühne sah ich ihn über die Gitarre gebeugt sitzen. Er war nicht besonders gekleidet, aber die Leute klatschten, sie saßen auf roten Stühlen, samtbezogenen, und klatschten. Mein Vater verstimmte seine Gitarre, absichtlich, und dann spielte er schrecklich, Katzenmusik, es war nicht zum Aushalten. Aber als er aufhörte, gab es Standing ovations! Als hätten die Leute erst jetzt begriffen, was für ein Genie mein Vater ist. Man muß nur schrecklich genug sein, um für ein Genie gehalten zu werden. Und dann fiel ein Schuß …

Was geschah?

Mein Vater wurde getroffen, ich bin schweißgebadet aufgewacht.

Schrecklich.

Pause.

Sie haben mir sehr geholfen, sagte er. Mein Vater ist nur etwas älter als Sie, 1925 geboren …

Womit habe ich Ihnen geholfen?

Mit Ihren Fragen. Es rumorte schon lange in mir, nach Deutschland zu gehen. Sie halfen mir, den Entschluß schneller zu fassen.

Der Kaffee, der serviert wurde, war zu heiß für ihn.

Ich kann ihn nicht so heiß trinken, verbrühe mich, sagte er. Habe schon mal eine Verabredung versäumt, weil ich warten mußte, bis er kalt war.

Ich trank den heißen Kaffee.

Macht Ihnen wohl nichts aus, so heiß?

Nein.

Ist schon seltsam, wie mein Vater … Aus einem Mann, den es nicht gibt, ist ein Mann geworden, den es gab und der unauffindbar verschwunden war, und nun glaube ich fast selber daran, daß es meinen Vater nie gegeben hat. Wenn es ihn gegeben hat, wo ist er heute? Vor siebenunddreißig Jahren hatte ihn Mutter losgeschickt. Geh in deine Heimat, und komm als Ernst Winkler zurück! So ist er weg!

Sie sind zornig auf ihn?

Natürlich, wie sollte ich nicht, haut ab auf Nimmerwiedersehen und läßt mich zurück. Und Mutter. Entschuldigen kann ihn nur der Tod.

Pause.

Eines Morgens fuhr er mich, wie jeden Morgen, zur Schule, und ich wußte, heute ist alles anders. Ich wußte es einfach.

Wieso?

Keine Ahnung. Er verabschiedete sich wie immer, umarmte mich, stieg in seinen alten Chevy und fuhr los. Ich sah ihm nach, stand noch lange da, auch noch, als er nicht mehr zu sehen war. Ich hielt meine Armbanduhr an: 6. April 1968, kurz nach fünf a.m. Der Tag, das Jahr, die Stunde hielt ich fest, als ich meinen Vater, den ich über alles liebte, zum letzten Mal sah. Er wollte mir wohl den Abschied leicht machen, aber er machte ihn mir schwer. Ich weinte, ich konnte gar nicht aufhören zu weinen, mein Vater fährt weg, und wann kommt er wieder? Vielleicht gar nicht? Was soll mein Leben am Strand, wenn Vater nicht da ist? Soll ich weiter am Strand schlafen? Ohne ihn, ohne seine Gitarre, seine Lieder, seine Geschichten? Ohne von ihm beschützt zu werden? Soll ich? Ja, ich soll, sagte ich mir, wenn er wiederkommt, wird er mich am Strand suchen …

… einen Augenblick bitte, sagte Frank, mein Handy. Er stand auf, holte sein Handy aus der Hosentasche, stellte sich etwas abseits und telefonierte. Zum erstenmal fiel mir auf, daß er ein Schwarzer war, der dunkle Anzug, das weiße Hemd ließen das Gesicht dunkler erscheinen. Ganz anders als in seinem alten Dreß, einer alten Fischgrätenjacke, einem Hemd mit festgeknöpften Kragenzipfeln, lederfarbenen Wollsocken und einer kohlegrauen Hose, dazu seine abgetretenen Turnschuhe. Im alten Dreß war er ein Weißer, im neuen ein Schwarzer. Aber wieso … wieso, dachte ich und betrachtete ihn, glaubt er häßlich zu sein? Keineswegs. Ist er nicht. Ganz und gar nicht. Er sieht gut aus, der große schlanke Kerl, die Sonne hinter ihm, ein Scherenschnitt, wie kann man besser aussehen? Die kurzen schwarzen Haare, die gerade Nase, was hat er an sich auszusetzen? Der Mund vielleicht etwas groß, die Lippen vielleicht etwas dick, aber das wär's dann auch.

Weiter konnte ich nicht denken. Er schob sein Handy in die Hosentasche, schüttelte den Kopf und grinste: Der Mann meiner Mutter rief mich an, netter Kerl, aber ein Trottel. Immer will er wissen, was er mit seinem Geld machen soll. Er denkt, wenn er kein Geld ausgibt, dann gehe er klug mit dem Geld um. Und ich sage ihm immer dasselbe, nichts ausgeben ist dumm, er muß ausgeben, aber wissen, für was er's ausgibt. Wird er nie kapieren …

Ihre Mutter ist wieder verheiratet?

Schon seit fünfundzwanzig Jahren, mit einem einfältigen Pinsel. Das Gegenstück zu meinem Vater.

Pause.

Ich fliege nächste Woche nach Deutschland, sagte er. Gott sei Dank, jetzt kann ich den Kaffee trinken.

Wie alt waren Sie, als Ihr Vater fortging?

Dreizehn.

Und immer noch denken Sie an ihn?

Täglich.

Er trank den Kaffee aus, winkte dem Ober: Bezahlen bitte.

Während wir auf den Ober warteten, sagte er: Manchmal laufe ich irgendwelchen älteren Herren hinterher, um ihnen ins Gesicht zu blicken. Könnte der mein Vater sein? Einmal war's mein Vater, dachte ich, na ja. Bis zum heutigen Tag denke ich, er war's, das ist er doch, aber der Mann konnte mit mir nichts anfangen. Er sah mich an und fragte mich, was ich von ihm wolle? Ich suche meinen Vater, sagte ich ihm, und ich dachte, Sie wären es. Sie sind wohl aus einer Anstalt ausgebrochen? brubbelte er und blickte mich an, als sei ich ein Idiot.

Der Ober kam, er bezahlte, stand auf, setzte seinen Hut auf und verabschiedete sich. Ich muß, ich muß. Habe vor der Abreise viel zu erledigen. Kommen Sie morgen zum Schachplatz. Nachmittags. Vergessen Sie's nicht.

Los Angeles, 20. Februar (7 Uhr)

Von einem Freund wird mir eine Zeitungsmitteilung aus Hamburg zugefaxt. Mit einem Kuli quer über die Mitteilung geschrieben – zur Genugtuung und Freude. Die Mitteilung lautet: »Dem Produzenten A. B. laufen die Regisseure weg. Nach M.-St. und Sch. nun auch noch der tschechische Regisseur F., der zu seiner Filmflucht sagt, lieber ein Ende mit Schrecken, als ein Schrecken ohne Ende.« So im Artikel. Nun ist wohl V. an der Reihe, der im Schweiße meines Angesichts meinen guten Film machen darf. Genugtuung? Freude? Nichts davon. Trauer, Zorn, ja. Trauer um die sieben Monate, die er mir gestohlen, in dieser Zeit hätte ich hundert Bilder malen, ein Buch schreiben, einen Film mit Nicolas Cage machen oder mit meiner Frau verreisen können. Zorn? Ja. Über einen Mann, der so selbstverständlich und egoistisch über meine Zeit verfügte, als sei ich sein Sklave. Nach dieser Erfahrung war die Ausstellung in L. A. Balsam. Auch die wollte er platzen lassen, als er mich aufforderte, stehenden Fußes eine Kehrtwende zu machen, um mit dem Film jetzt und sofort zu beginnen. Und die Lesungen? Alles platzen lassen, warum? Keine Antwort. Kurz gesagt, diese Erfahrung war die unangenehmste in meinem langen beruflichen Leben. Und wie begann es?

Traf mich mit ihm in Hamburg, einem kleinen vornehmen Restaurant, einem sogenannten »In-Restaurant«, er forderte mich auf, mir einen üppigen Lunch zu bestellen.

Oho, dachte ich, sollte es so großzügig weitergehen?

Warum wollen Sie mich? fragte ich ihn. Bin doch in erster Linie Schauspieler, nicht Regisseur.

Weil Sie dafür der Richtige sind.

Am Nebentisch K., genüßlich speisend, und B. fragte mich laut, viel zu laut: Nennen Sie mir Ihre Gage. Ich nannte sie leise, das Restaurant mußte nicht alles hören.

Wieviel? fragte B. Ich nannte die Summe etwas lauter. Er beugte sich über den Tisch, drückte mit der Handfläche sein Ohr in meine Richtung: Wieviel? fragte er. Ich nannte die Summe nochmal, nicht wesentlich lauter, er sagte: Die Hälfte. Hatte er mich verstanden oder nicht, er sagte: Die Hälfte. Dann holte er ein Diktiergerät aus seiner Tasche und sagte, ohne mich gefragt zu haben, M.-St. macht es für die Hälfte, er hatte mich also verstanden, dann sprach er dieses und jenes in sein Gerät, Geld und Besetzungen betreffend, laut, alles viel zu laut, ich spürte das Interesse der speisenden Gäste an seinen Mitteilungen.

Sie müssen den Film machen.

Ich leistete mir nochmal ein Warum?

Weil Sie der Richtige sind, wiederholte er. Stellen Sie sich vor, in hundert Jahren wird man noch stolz auf Sie sein, wenn man diesen Film sieht, und der wird noch in hundert Jahren ein wichtiges Dokument sein. Glauben Sie mir, glauben Sie mir.

Ein zweites Fax. Von Hans Mucha, der Kradfahrer und Gefreiter im Deutschen Afrikakorps war, den ich gebeten hatte, mir mitzuteilen, wie er als Gefangener nach Amerika kam. Hier seine Antwort: »Anfang März 1943 war es für Feldmarschall Erwin Rommel und seine Kommandeure klar, daß nach der Schlacht von Medenine-Metameur nichts mehr zu gewinnen war. Das Ende des Afrika-Feldzuges kündigte sich an. Schon im November 1942 sind amerikanische Truppen unter General Eisenhower in Marokko und Algerien gelandet. Sie sollten die zurückweichende Armee Rommels in die Zange nehmen. Anfang März 1943 verließ Rommel Afrika, um im Führerhauptquartier Rettungsmaßnahmen für seine Soldaten in Gang zu bringen (rechtzeitiger Rückzug nach Sizilien). Hitler und Göring lehnten ab. Generaloberst von Arnim hatte die Aufgabe übernommen, die »Wüstenfüchse« und die »Tunisfamilie« bis zum bitteren Ende kämpfen zu lassen. Mitte April 1943 begann der »Endkampf« in Tunesien. Eisenhower hatte inzwischen fünfzehn englische und fünf amerikanische voll ausgerüstete Divisionen in Stellung gebracht. Dagegen hatte von Arnim neun ausgepumpte deutsche Divisionen mit höchstens Zweifünftel Sollstärke. In der Nacht vom 5. zum 6. Mai steigerten sich das feindliche Artilleriefeuer und die Bombardierung aus der Luft auf der ganzen Front. Die deutschen Stellungen verloren sich in Schützennester (einigeln), die Front zerbröckelte. Ein letztes Aufbegehren. Am 7. oder 8. Mai wurde ich mit wenigen überlebenden Kameraden von Montgomerys Husaren bei Tebourba gefangengenommen.

Befehlgemäß haben wir unsere Munition verschossen, Waffengerät und Kriegsgerät (Krad) mit Handgranaten zerstört. Am 12. Mai 1943 erfolgte auf Cap Bon durch Generaloberst von Arnim und General Cramer die Kapitulation des DAK. 130 000 deutsche Soldaten marschierten in die amerikanischen Gefangenenlager. Über den Hafen Oran wurden wir mit »Liberty«-Truppentransportern in die USA nach Boston verschifft. Nur die deutschen Soldaten, die bis Ende 1942 von den Engländern gefangengenommen wurden, kamen nach England oder Kanada ins Lager. Wir wurden in Amerika in kleinen Einheiten auf etliche US-Armee-Camps verteilt. So viele deutsche Gefangene hätten in England bei einer Invasion oder Luftlandung zur Gefahr werden können. Rommel und seinen Soldaten traute man scheinbar alles zu.«

Ich bedanke mich bei Hans Mucha.

Los Angeles, 20. Februar (11 Uhr)

Fahre zur Third Street. Gehe in das Buchgeschäft neben dem Wilshire, kaufe zwei wunderbare Kunstbücher, für 11,75 Dollar. Picasso und ein Buch mit Porträtfotos. Würde jedes Buch hundert Dollar kosten, wäre es nicht überbezahlt. Die Welt des Verramschens in Höchstform.

Los Angeles, 20. Februar (11. 30 Uhr)

Wir trafen uns vorm Old Navy, dem wunderbaren Billigladen auf der Third Street, er hatte sich warme Kleidung gekauft, die er in zwei Plastiktüten trug.

In Deutschland ist es kalt, die Grippewelle unterwegs, da muß man sich vorsehen. Ich bin auf dem Wege nach Venice, möchte auch zum Loews Hotel, da warten zwei ältere Herren auf mich, sagte er, immer sonntags zum Brunch sind sie dort. Kommen Sie bitte mit.

Gerne. Und wenn Sie mir noch erzählen, was für ein wichtiges Detail Ihr Vater verschwiegen hatte und wie es war, als Sie am besagten Montag zu Melanie Garner gingen, um ihr vorzuspielen, komme ich noch lieber mit …

Merkwürdig. Seit Sie mit Ihren Fragen kamen, ist mir die Vergangenheit ganz nah auf den Pelz gerückt, als wären die Jahre, die dazwischen liegen, auf Minuten geschrumpft. Einen Moment, muß noch mal zu GAP rein, die haben dicke Pullover. Geht schnell.

Diesen Moment nutzte ich aus und rief Dean an. Sind in der Third Street auf dem Wege zum Loews Hotel, sagte ich.

Dann sind wir schneller da als ihr, erwiderte er und legte auf.

Das ist das Gute bei Dean, nie Fragen, warum? Wieso vormittags, da doch nachmittags geplant war, nichts, nur, dann sind wir schneller da als ihr.

Es ging wirklich schnell, nach zwei Minuten war er wieder da.

Erledigt, sagte er, nun kann's nach Deutschland losgehen. Also gut. Von Melanie Garner wollten Sie wissen. Als ich am Montag zu ihr ging, öffnete mir ein kleines Mädchen die Tür und – ich hielt den Atem an. Meinem Vater wie aus dem Gesicht geschnitten. Ein hübsches kleines Mädchen. Ich sah sie lange an und konnte nichts sagen. Melanie und eine ältere Tochter baten mich Platz zu nehmen und doch die Gitarre endlich auszupacken. Ich packte sie aus, war nervös und erschreckt über die Ähnlichkeit und hatte es schwer, mich auf die Gitarre zu konzentrieren. Meine Blicke immer auf dem Mädchen. Ich spielte die Stücke meines Vaters, und dann sang ich, mich selber überraschend, das »Rommel-Trommellied«. In dem Augenblick, als ich das Lied begann, sah ich meinen Vater hinter den drei Mädchen, er stand da und lächelte. Ich hörte auf zu spielen, blickte auf ihn, aber wo er eben noch gestanden hatte, war er nicht mehr. Ich begann wieder zu spielen, und plötzlich hatte ich das Gefühl, nicht ich, sondern mein Vater würde spielen. Ich spielte viel besser als sonst, selbst die kompliziertesten Passagen, die ich nie schaffte, gelangen mir fehlerlos. Es konnte gar nicht anders sein, nicht ich, sondern mein Vater spielte. Ich zweifelte nicht, meine Hände waren seine, sie flogen so selbstverständlich und sicher über die Saiten, und ich war überzeugt, daß Melanie und ihre beiden Töchter nicht mich sahen, sondern ihn.

Eve, die ältere Tochter, wurde einige Monate später meine Frau, und sie sagte mir mehr als einmal, der Augenblick unseres Kennenlernens sei der merkwürdigste Augenblick ihres Lebens gewesen. Sie hätte das Gefühl gehabt, ich wäre nicht ich gewesen. Sie lebt in San Diego, aber das wissen Sie ja schon. Ich fahre jedes Wochenende nach Hause, um meine Familie zu sehen, die ich liebe. Und sie liebt mich auch, schwer vorzustellen, aber es ist so. Daß ich hier am Strand lebe, wissen sie nicht, sie denken nach wie vor, ich sei Vizepräsident der Bank of America und wohne in der La Brea.

Er blieb stehen, klemmte die Plastiktüten zwischen die Beine, drückte mit beiden Händen gegen seine Schläfen …

Kann ich was für Sie tun? fragte ich.

Sie können mir die Kopfschmerzen abnehmen, seit ich im Bett schlafe, habe ich sie wieder …

Lassen Sie uns die Second Street runtergehen, sagte er, und dann zur Colorado und die bis zur Ocean, das ist der kürzeste Weg zum Loews Hotel.

Einverstanden.

Über Melanie ist noch zu sagen, fuhr er fort, während wir die Second Street zur Colorado runterschlenderten, daß Sie sich mit den vier anderen Damen versöhnte. Sie hat zugegeben, daß sie sich in Vater verknallt hatte, so wie niemals zuvor in ihrem Leben, man solle sie doch verstehen, und man verstand sie. Danach lagen sich die fünf schwarzen Weiber, die Gospelsingers, weinend in den Armen. Das

Gospelquintett ist wieder vollständig, sie machen nächstens eine Europatour. Aber Melanie bestand und besteht darauf, daß die jüngste Tochter nicht von Vater ist, niemals, das schwöre sie! Nun ja, ich hatte ihr vorgeschlagen, nicht zu schwören, tu's nicht, sei lieber still, Melanie.

Ich möchte etwas über die beiden älteren Herren sagen, die Sie gleich treffen werden, fuhr er fort. Ich traf sie in der deutschen Botschaft, als ich nach Vaters Verbleib forschte, Zufall, daß sie auch da waren. Als sie meine Fragen hörten, mischten sie sich ins Gespräch und erzählten mir, was Sie gleich von ihnen selbst hören werden. Seitdem sind wir befreundet. Sie sind homosexuell, hatten ein gutgehendes Restaurant in New York, zwischen der Zweiten und Dritten Straße, so glaube ich. Als sie das Restaurant vor etlichen Jahren verkauften, zog es sie in die Sonne. Nach L. A. Sie wohnen nicht weit von Ihnen, in der Amalfi. Arbeiten immer noch, aber nicht wegen des Geldes, sondern wegen des Vergnügens, Gespräche führen zu können. Sie verpacken die Lebensmittel der Kunden bei Gelson's und fragen: Paper or Plastic? Beim Einpacken ergeben sich hin und wieder interessante Gespräche, und die brauchen sie. Erzählen ist ihr Lebensinhalt. Der eine ist neunundsiebzig, der andere achtzig, beide noch gut auf den Beinen. Im Kopfe glasklar. Aber nur der Ältere erzählt, Sie werden's erleben …

Wir waren im Loews Hotel angekommen, und er blickte sich in der Halle um, keine älteren Herren zu sehen, aber doch, da sind sie, sagte er, ganz vorne, kommen Sie …

Er begrüßte die beiden freundschaftlich und stellte mich mit folgenden Worten vor: Dieser Herr ist ein deutscher Schauspieler und will alles über meinen Vater wissen, bitte, erzählt ihm.

Interessant, sagte der Achtzigjährige, ein deutscher Schauspieler in Hollywood, interessant.

Meine Frau und ich wohnen hier.

Drehen Sie Filme?

Ja.

Interessant, interessant, sagte der Achtzigjährige, und der Neunundsiebzigjährige nickte.

Die Bedienung kam, fragte, was wir bestellen wollten.

Mineralwasser bitte.

Nur Mineralwasser?

Ja.

Die Bedienung, eine junge Frau, lächelte und verschwand.

Jetzt seid ihr dran, sagte mein Freund zu den älteren Herren, ihr könnt deutsch sprechen, dann blickte er mich an und sagte: Sie erinnern sich, als ich von den beiden Pennern in New York erzählte, die Vater erkannt hatten, hier sind sie.

Na, na, sagte der Achtzigjährige. Penner waren wir nie, wir waren nicht gerade elegant gekleidet, aber Penner, nie, sagte er im schwäbischen Dialekt. Ich muß mich entschuldigen, mein Deutsch hat gelitten, hat einige Löcher, wir beide sprechen schon seit Jahren kein Deutsch mehr. Ich spreche also langsam.

Der ältere Herr holte ein Taschentuch aus der Seitentasche seines Jacketts und schneuzte sich umständlich. Dann begann er.

Eine traurige Geschichte, die wir Ihnen erzählen müssen. Sechzig Jahre her. In Afrika. Der Rommelkrieg. Die Geschichte hat sich am Ende des Krieges abgespielt. Der Krieg war praktisch aus für uns, aber ein sturer Oberleutnant, wir hatten etliche von ihnen, mordete unverdrossen weiter. Wir waren mit seinem Vater (Blicke auf meinen Freund aus Venice) beim Einpacken irgendwelcher Sachen zum Überleben, wir mußten abhauen, schnell, uns blieb keine Zeit, der Feind uns auf den Fersen. Der Krieg aus und verloren. Dann kam ein Oberleutnant in einem Laster angebraust, fünf gefesselte Zivilisten auf der Ladefläche, Deserteure. Er öffnete die hintere Ladeklappe, kletterte hinauf und stieß die fünf vom Wagen. Da sie gefesselt waren, fielen sie übereinander auf den Boden. Der Oberleutnant sprang hinunter, trat sie mit Füßen, schlug sie. Aufstehen, brüllte er, los, hoch mit euch. Dann kam er auf uns zu, rasend vor Wut, rot im Gesicht, griff sich den Jüngsten von uns. Seinen Vater.

Warum seinen Vater? Hier muß ich eine Einfügung machen. Einige Tage davor war ein Soldatentreffen gewesen, auf dem der Oberleutnant Klavier spielte. Er hielt sich für einen großartigen Pianisten. Die Soldaten aber wollten ihn nicht hören, sie protestierten, pfiffen, sie wollten seinen Vater hören. Er solle seine Gitarre auspacken und loslegen, besonders ein Lied ... ein Lied ... ich habs vergessen. Ja, diesen Oberleutnant hatte der Neid, die Eifersucht vom Scheitel bis zur Sohle erfaßt.

Er forderte also seinen Vater auf, die fünf zu erschießen. Sein Vater sagte: Ich schieße nicht auf Zivilisten. Willst du den Befehl verweigern? brüllte der Oberleutnant. Ich schieße nicht auf Zivilisten, wiederholte sein Vater. Der Oberleutnant zog seine Pistole und brüllte: Wenn du sie nicht erschießt, erschieße ich dich. Sein Vater sagte noch einmal: Ich schieße nicht auf Zivilisten. Daraufhin richtete der Oberleutnant seine Pistole auf ihn und brüllte: Los, erschieße sie. Sein Vater holte nun die Pistole heraus, zielte auf die fünf, drehte sich plötzlich um, und erschoß den Oberleutnant.

Der Ältere blickte den Jüngeren an. Der nickte, und der Ältere fuhr fort: Zwei Unteroffiziere hatten das Ganze beobachtet und nahmen seinen Vater fest. Es gab ein Gerangel, er wehrte sich, aber die beiden konnten ihn überwältigen. Sie stießen ihn in einen Jeep und gaben Gas. Wir sahen nur eine Staubwolke. Was konnten wir tun? Wir befreiten die Zivilisten, nahmen ihnen die Fesseln ab, haut ab, und die hauten ab, sie liefen um ihr Leben. Aber auch wir mußten abhauen, so schnell wie möglich, der Laster des Oberleutnants kam uns gerade recht, wir hatten keine Zeit zum Nachdenken, rein, und los ging's.

Dann sahen wir seinen Vater wieder. Auf dem Schiff nach Amerika. Mit all den Kriegsgefangenen. Warum war er nicht vor ein Kriegsgericht gestellt worden? Oder an Ort und Stelle erschossen? Er hatte doch einen deutschen Offizier getötet? Wer waren die beiden Unteroffiziere, die mit ihm in dem Jeep verschwanden? Auf all diese Fragen fanden wir keine Antworten. Wir waren zwar auf dem Schiff mit seinem Vater zusammen, aber er mied uns. Trotz unserer Fragen, die wir gelegentlich an ihn richteten, antwortete er nicht. Nie kam ein Wort über seine Lippen. Er mied nicht nur uns, er mied alle.

Die Bedienung brachte das Mineralwasser, wir tranken, ich blickte den Achtzigjährigen an, bitte weiter …

Wir beide gehen davon aus, sagte er, daß die Unteroffiziere ihn gerettet haben. Er war beliebt, war ein umgänglicher junger Mann, spielte wunderbar Gitarre, kaum zwanzig. Das Lied … Leider habe ich vergessen …

Das »Rommel-Trommellied«, sagte mein Freund.

Richtig. Das »Rommel-Trommellied«. Für einen kurzen Augenblick schwieg der Ältere, blickte vor sich hin, als könne er sich an den Rhythmus und die Melodie des Liedes erinnern …

Mein Freund aus Venice summte die Melodie und schlug mit der Hand den Rhythmus des Liedes auf die Tischplatte.

Richtig, richtig, so ging es …

Nach einer Pause fuhr er fort: Einmal sagte er, daß

er nicht nach Deutschland zurückgehen wolle, dort würde er an die Wand gestellt und erschossen.

Wem hatte er das gesagt? fragte der Ältere den Jüngeren.

Dem amerikanischen Lageroffizier.

So war es, und der sagte, aber es geht zurück.

Das war wohl der Grund für ihn zu fliehen.

Pause.

Der ältere Herr hatte mich während der Erzählung nicht aus den Augen gelassen. War die Geschichte zu Ende? War sie wohl. Der Achtzigjährige machte keine Anstalten, fortzufahren. Wie zu Anfang holte er das Taschentuch aus der Seitentasche seines Jacketts, schneuzte sich umständlich und sah meinen Freund aus Venice an. Der blickte zurück und schwieg.

Nach einer Pause sagte er: Ja, dann werde ich zahlen, wir müssen …

Alles erledigt, sagte der Neunundsiebzigjährige.

Wir bedankten uns, reichten uns die Hände und gingen. Nach einigen Schritten drehte ich mich um und fragte: Wann arbeiten Sie bei Gelson's?

Immer freitags, da ist viel Betrieb, deswegen …

Vielleicht sehen wir uns da mal.

Würde uns freuen, sagte der Achtzigjährige.

Wir schlenderten Richtung Venice, hingen unseren Gedanken nach und liefen durch den Sand bis vor zum Wasser. Dort setzten wir uns und blickten auf den Horizont, auf Catalina, eine Insel im Dunst, kaum auszumachen. Wir hörten dem Rhythmus der

Wellen zu, und ich dachte, merkwürdig, wie sich Ereignisse wiederholen, mein Vater wurde am Ende des Krieges von Deutschen erschossen, und seiner sollte es. Der Zufall war seinem Vater gnädig, meinem nicht. Der eine zwanzig Kilometer von seiner Familie entfernt, der andere Tausende.

Mein Freund aus Venice sagte: Der Achtzigjährige war Unteroffizier, der Neunundsiebzigjährige Gefreiter. Sie haben die Rangordnung bis ins hohe Alter beibehalten. Nach einer kurzen Pause fuhr er fort: Meine Familie weiß nichts von diesem wichtigen Detail, das Vater für sich behielt. Ich wollte meiner Mutter nicht die Möglichkeit geben, daß der Gedanke, mit einem Mörder verheiratet gewesen zu sein, ihrem anfälligen Charakter Munition liefern könnte zu Ausbrüchen, wie ich sie von früher kannte.

Und Ihre Frau?

Auch nicht. Niemand. Nur Sie. Warum ich Ihnen diese Geschichte erzählen ließ? Kann ich mir selbst nicht erklären.

Pause.

Wir sahen am Himmel, dicht über dem Horizont, einen violetten Streifen, wie gemalt, darunter einen roten, wieder darunter einen gelben unter dem Dunst hervorkommen. Merkwürdig, sagte er, drei Farben, aber nur eine dominiert. Rot. Rot, die Farbe der Liebe, der Rosen, der Sonnenuntergänge, aber auch die Farbe des Feuers, des Blutes, des Todes.

Pause.

Ich muß den Bericht der beiden über meinen Vater berichtigen, fuhr er zögernd fort. Sie haben ihn verfälscht. Mein Vater war nicht der gerechte Mörder, den sie beschrieben haben.

Er räusperte sich, fuhr sich mit der Hand übers Gesicht und sagte: Ich bitte um einen Moment Geduld.

Ich sah sein Profil, sah, daß er noch immer in den Himmel blickte und sich wohl überlegte, wie und ob er mir die Berichtigung des Berichtes der beiden älteren Herren mitteilen sollte.

Nach einer Pause fuhr er fort: Mein Vater fuhr den Laster mit den fünf gefangenen deutschen Soldaten, die ihre Uniformen aus- und sich Ziviles angezogen hatten, für die der Krieg vorbei war und die nichts anderes vorhatten, als so schnell wie möglich nach Hause zu kommen. Mein Vater lief Streife und hatte die fünf gestellt. Rauf mit euch auf den Laster. Ihr werdet erschossen! Er hatte Spaß daran, sie durch die Wüste zu kutschieren und sein »Rommel-Trommellied« aus dem Lautsprecher auf dem Dach des Lasters zu hören. Als er den Oberleutnant erspähte, der ebenfalls desertieren wollte, hielt er an und befahl ihm – Rangordnungen waren bereits außer Kraft gesetzt –, die fünf Deserteure zu erschießen. Der weigerte sich. Daraufhin erschoß mein Vater den Oberleutnant und vier von den fünf Zivilisten. Dem fünften gelang die Flucht. Er schoß im Rhythmus des Liedes, das, wie gesagt, Marschelemente enthielt.

Pause.

Dieser Bericht stammt von Vaters großer Liebe, jener Gitarrenlehrerin. Ich suchte sie damals in New York auf, und sie erzählte mir folgendes: Sie hatte das »Rommel-Trommellied« auf einer Tournee in Deutschland gespielt und wurde in Hamburg von einem Mann angesprochen.

Ich kenne dieses Lied, so sagte ihr jener etwas verwahrloste Herr nach dem Konzert, es treibt mir Gänsehaut über den Rücken, meine Hände werden feucht, ich fange an zu zittern. Es ist der Marsch des Todes. Der Komponist war ein besonders brutaler junger Soldat, so sagte er, ein überzeugter Nazi, schon im Jungvolk: Jungzug-, Fähnlein- und Stammführer, der die Verantwortung für die Erschießung von Deserteuren freiwillig und gerne übernommen hatte. Er muß ein Gitarrenspieler gewesen sein, so hörte man, und war leidenschaftlich auf der Suche nach Deserteuren, die er im Rhythmus der Musik erschoß. Kaum ein Deserteur konnte ihm entkommen. Ich schaffte es, sprang vom Laster und lief um mein Leben, die Schüsse verfehlten mich, aber diese Melodie verfolgte mich, bis zum heutigen Tage. Erschießungen ohne diese Melodie gab es nicht, oder nur wenige, so erzählte man. Sie kam über den Lautsprecher seines Lasters, sie erst versetzte ihn in Tötungsstimmung, in wahre Tötungslust. Der Name des Soldaten: Klaus Niehaus. Er soll unzählige Erschießungen von Deserteuren durchgeführt haben.

Der Mann, der die Geliebte meines Vaters in Hamburg angesprochen hatte, war also jener fünfte

Deserteur, dem die Flucht vom Laster gelang. Er hätte eine Platte dieses Todesliedes aufgetrieben und sei seit Kriegsende auf der Suche nach dem Komponisten, so sagte er, dem Mörder seiner Kameraden.

Diese Platte spielte sie mir in New York vor. Komponist und Sänger: Klaus Niehaus. Es war die Stimme meines Vaters. Sein ursprünglicher Name war also Klaus Niehaus, Ernst Winkler schon ein Pseudonym. Ernest Abram ein weiteres.

Pause.

Lange Pause.

Ich blickte zum Horizont und sah, wie die Farben des Himmels sich langsam auflösten.

Warum haben denn die beiden älteren Herren Ihren Vater in der Erzählung so edel aussehen lassen? fragte ich.

Um mir einen Gefallen zu tun. Sie dachten wohl, mir, dem Sohn eines Monsters, einen Gefallen zu tun, wenn sie mir in der Erinnerung einen aufrichtigen, anständigen Vater hinterließen, da sie von mir gehört hatten, daß ich ihn über alles geliebt habe.

Pause.

Wenn ich Sie nicht getroffen hätte, würde ich weiter so ungestört mit meinen Freunden hier leben können, aber Sie mit Ihrem Akzent, der mich an den meines Vaters erinnerte, ähnlich alt wie er, kurz: Sie brachten mich auf den Gedanken, meinen Vater noch einmal zu suchen.

Pause.

Graue Wolken zogen am Horizont auf. Regen ist angekündigt, sagte er. Hier werde ich die Kopfschmerzen los, die frische Luft, ich freue mich auf den Regen, die Natur braucht ihn, wie ich auch.

Hoffen Sie wirklich, Ihren Vater noch einmal zu treffen? fragte ich.

Er zündete sich eine Zigarette an und sagte: Als ich meinen Vater am Strand aufsuchte, zum erstenmal, ich erzählte Ihnen davon, sagte er, ich wußte, daß du kommst.

Pause.

Das ist siebenunddreißig Jahre her, sagte ich.

Eben, es wird Zeit, daß ich mich auf den Weg mache.

Wir blickten einer Jumbo hinterher, die schwerfällig in die Höhe kletterte und in den grauen Regenwolken verschwand ...

Ich stand auf, wollte mich verabschieden, er ergriff meine Hand: Warten Sie, warten Sie, ich bin mit der Geschichte meines Vaters noch nicht fertig. Ich kann Sie so nicht gehen lassen. Das, was ich Ihnen zuletzt berichtete, was ist das schon? Die alte Leier vom guten Vater, der ein Mörder war.

Pause.

Der Inhalt des Berichtes der beiden älteren Herren war, daß ich einen anständigen Vater hatte, auf den ich stolz sein kann. Der Inhalt des Berichtes aus New York, von der großen Liebe meines Vaters, war, dein Vater war eine Mißgeburt menschlichen Charakters, sei froh, daß er von der Bildfläche verschwunden ist.

Und hier ist nun mein Bericht:

Also was geschah wirklich? Zu Beginn des Rommelfeldzugs saßen junge Soldaten eines Abends zusammen und feierten. Jener Oberleutnant spielte Klavier und wurde ausgepfiffen, wie Sie schon wissen. Die Soldaten wollten meinen Vater hören. Er spielte Gitarre und sang das »Rommel-Trommellied«, das er extra für diesen Abend komponiert hatte. Die Soldaten klatschten begeistert, das Lied wurde von Tontechnikern aufgenommen, im Radio vorgestellt und auf Platte gepreßt. Es hatte Kraft, hatte etwas Vorwärtsdrängendes, in Dur, in Moll, mit Marschelementen und langem Vor- und Nachspiel. Zu Beginn des Rommelkrieges wurde es häufig im Radio gespielt, dann verschwand es und tauchte erst am Ende des Krieges wieder auf, im Laster des Mörders der Deserteure, der im Rhythmus des Marsches schoß. Doch dieser Mörder war nicht mein Vater, es war jener Oberleutnant, den der Neid und Haß nach jenem Abend nie verlassen hatte und der vielleicht deshalb auf den teuflischen Gedanken gekommen war, in einer Zeit, als im Afrikakorps alles drunter und drüber ging, als Klaus Niehaus im Rhythmus des Liedes Deserteure zu erschießen, wissend, daß das Lied die sicherste Spur zum Mörder sein würde. Ein Schwein, ein Satan, ein brutaler, hinterhältiger Karrierist, der sich nach dem Krieg als

Retter der Deserteure feiern ließ und laut und vehement öffentlich forderte, daß es gelte, die vielen Naziverbrechen aufzuklären, besonders die Todesschüsse jenes Klaus Niehaus, der nach einem eigenen Lied gemordet habe. Dieser Oberleutnant machte eine steile Karriere im westlichen Nachkriegsdeutschland, wurde General und ließ schließlich meinen Vater und dessen Kameraden ermorden, um seine Verbrechen in Afrika zu vertuschen. Doch davon später.

Pause.

Deshalb wurde mein Vater nach dem Krieg gesucht. Mein Vater ein Mörder, ein Monster? Niemand, der ihn kannte, glaubte daran, niemals, nicht er, der so beliebt und geschätzt war. Freunde berieten sich, was zu tun war. Er mußte weg aus Deutschland, aber mit welchem Namen? Ein Kamerad meines Vaters, Soldat Heber, dessen Wunsch es war, Rechtsanwalt zu werden, verhalf dem Recht zum Recht, indem er Unrecht tat. Er ließ, wieder von anderen Freunden, einen Paß besorgen, mit Vaters Bild, auf den Namen Ernst Winkler ausgestellt, um ihn auf das Schiff nach Amerika zu kriegen. Heber wünschte meinem Vater alles Gute, und Klaus Niehaus, jetzt Ernst Winkler, umarmte ihn. Vater war nun frei, verfolgt nur von den eigenen Ängsten und den Verfolgern von Klaus Niehaus, dem Komponisten des Mörderliedes. Erst in New York konnte er dem Lied entkommen, indem er aus dem Marsch einen Blues machte, dabei entdeckte er auch seine große Liebe zur Musik der Schwarzen. Den anderen Verfolgern entkam er nicht …

Vor sechs Jahren bekam ich einen Brief, den mein Vater schon im Dezember 1968 geschrieben hatte. Darin teilte er mir mit, was ich Ihnen verkürzt eben erzählte. Und das, was er schrieb, ist die wahre Geschichte. Im Brief nannte er besonders jenen Dr. Heber, ein angesehener Rechtsanwalt in Berlin, seine Adresse soundso. Er habe ihm von Amerika aus einen Brief geschrieben, schon 1968, und sein Kamerad Heber, jetzt Dr. Heber, habe ihn aufgefordert, nach Deutschland zu kommen, es wäre an der Zeit, daß die Deutschen sich seiner erinnerten, als den, der er immer war. Ein guter Kerl. Und ein großartiger Gitarrist. Auch seine Mutter würde noch leben. Er, Dr. Heber, werde dafür Sorge tragen, daß es in Deutschland keine unangenehmen Überraschungen gebe. Im Gegenteil, die Zeit sei reif, daß Klaus Niehaus rehabilitiert und der wahre Mörder angezeigt wird, der inzwischen zwar ein General war, aber je höher, desto besser. Umso tiefer der Fall …

Pause.

Daß meine andauernde Suche nach meinem Vater, sowohl in der deutschen Botschaft, als auch mit Briefen nach Bonn an die deutsche Regierung, so erfolglos blieb, liegt an den Herren Beamten in Amerika und Deutschland, die nickten und nichts unternahmen. Meine Briefe würden ein weiteres Buch füllen, ich habe sie gesammelt, wenn Sie sie lesen wollen, will ich sie Ihnen gerne für eine gewisse Zeit überlassen. Und daß der Brief von Vater mich erst im März 1998 erreichte, also dreißig Jahre später, zeigt die ganze Schlamperei der Beamten, die nicht daran interessiert waren, mir zu helfen. Ich sollte richtiger von beabsichtigter Schlamperei sprechen. Ich bekam den Brief nur deswegen, weil er auf einem Boden vergammelte, der renoviert wurde, sonst hätte ich nie mehr etwas über meinen Vater erfahren. Wenigstens hat man ihn nicht weggeschmissen.

Mein Vater sei im Januar 1969 an einer Lungenentzündung gestorben, erfuhr ich, an einer läppischen Lungenentzündung, die er hier am Strand nie bekommen hätte. An einer Lungenentzündung? Ich habe meine Zweifel. Der General, der laut und vehement öffentlich forderte, die Naziverbrechen aufzuklären, derselbe, der die Deserteure nach Vaters Lied erschoß ... es geht mir nicht aus dem Kopf ... Dr. Heber sei zur gleichen Zeit an einem Herzinfarkt gestorben, hieß es. Die Macht des Zufalls! Dann teilte man mir eine andere Version mit, Heber und Niehaus seien bei einem Autounfall tragisch ums Leben gekommen.

Ich hingegen weiß sicher, daß jener General, der ahnte, warum mein Vater nach Deutschland gekommen war, ihn und Heber während der Studentenunruhen beseitigen, erschießen ließ. All das geht aus anderen Briefen hervor, die die Behörden jahrzehntelang zurückgehalten haben, auf Dachböden verschimmeln ließen. Der General ist im Jahre 1998 verstorben. Mit allen Ehren bestattet worden ...

Vielleicht verstehen Sie jetzt, daß ich einem Buch oder Artikel von Ihnen zustimme. Ihre Popularität in Deutschland kann helfen, die Wahrheit ans Licht zu bringen, kann helfen, den schweren Stein, mit dem die vielen Erschießungen dieses Mördergenerals zugedeckt sind, wegzurücken. Licht auf den Mördergeneral mit seinen Ehrungen. Warum ich keinen Film will? Ich will nicht *mich* in den Mittelpunkt gerückt sehen, der arme Sohn, dem der Vater erschossen wurde, das hieße, meinen Vater dem ewigen Tod, dem ewigen Schweigen zu überlassen. Das hat er nicht verdient. Es ist mir ein Bedürfnis, ihn an seinem Grab aufzusuchen. Ich werde mich auf die Erde setzen und mich mit ihm unterhalten, wie ich mich mit ihm am Strand unterhielt. Ich bin sicher, er wird sagen, es wurde auch Zeit, mein Junge, siebenunddreißig Jahre habe ich nichts von dir gehört. So lange habe ich auf dich warten müssen.

Er stand auf, wischte sich den Sand von der Kleidung, nahm seine beiden Plastiktüten und sagte: Lassen Sie uns noch etwas am Strand entlanglaufen, das tut der Seele gut. Wir wichen den Wellen aus und schwiegen. Kurz vor dem Santa Monica Pier holte er aus seiner Westentasche einen Briefumschlag. Hier überreiche ich Ihnen die Kopien meines Briefwechsels mit den deutschen Behörden, darin auch Hinweise auf die Wahrheit meines Berichtes.

Sind Sie wirklich der Meinung, fragte ich, daß eine Dokumentation nicht die Wahrheit ans Tageslicht fördern kann? Mehr als ein Artikel oder Buch? Und wer in den Mittelpunkt gerückt wird, ist der Verantwortung des Regisseurs überlassen, der beides kann, die Wahrheit oder die Unwahrheit berichten. Sind Sie wirklich der Meinung, ich hätte Lust, die Unwahrheit zu berichten?

Pause.

Also geben Sie zu, gefilmt zu haben?

Ich schwieg.

Er blieb stehen und blickte mich an. Ich habe keine Zeit mehr, mich mit Ihnen zu streiten, ich bleibe bei meiner Meinung und Sie bei Ihrer. Was werden Sie, ohne mich ausfragen zu können, hier machen?

Auf Sie warten, Ihre Geschichte ist ja lange noch nicht zu Ende …

Hier schließt sich der Kreis, sagte Dean, und Pearl war außer sich vor Freude. Diesmal stand die Sonne richtig, ganz klein vor dem großen Pazifik, Silhouetten, dahinter das Glitzern der Sonnenspiegelung auf dem Meer und dann der Abschied, der keiner war … ich meine es ehrlich, das wird ein wunderbarer Schluß.

Und das Loews Hotel? fragte ich.

Du wirst es sehen und dich wundern, lachte Dean, da hat der Zufall uns geholfen.

Kannst du mehr zu diesem Zufall sagen? fragte ich.

Nein.

Die Kraft des Zufalls, wie Klaus Niehaus, Frank Abrams Vater, seinem Sohne immer wieder erklärte, sie hat auch bei uns gewirkt, sie hat wie eine Grundierung unter diesem ganzen Projekt gelegen, dachte ich, warum also fragen, ich werde ja die Muster sehen.

Ich rief Joseph Gordon an, in einer Woche könne er sich die rohe Fassung einer Rohfassung ansehen.

Wer soll entscheiden, wer gewonnen hat? fragte er.

Das Publikum.

Wo?

Im Laemmle. Wir mieten eine Vorführung.

Wie ist denn die Dokumentation geworden?

Merkwürdig, antwortete ich, wie sich Kreise schließen können. Ich spreche jemand Unbekannten an und entdecke eine Geschichte, die theoretisch bei mir, bei meinem Vater enden könnte, der als Deserteur erschossen wurde ... aber was soll ich dir sagen, sieh dir den Film an ... ich werde die ganze Woche in Deans Schneideraum sitzen, und ich hoffe, wir werden dich überzeugen können, daß du verloren hast.

Wann genau nächste Woche?

Sag du.

Sagen wir Dienstag.

Einverstanden.

Einverstanden.